선생님과 학부모를 위한 AI 교육 가이드북

쉽게 배워
바로 쓰는
인공지능
수업

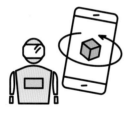

문택주, 정동임 | 지음

[머리말]

교육부에 따르면 오는 2025년부터 초등학교에 정보선택과목이 확대되고, 초등학교와 중학교에서 소프트웨어 교육의 수업시수도 2배로 늘어난다고 합니다. 많은 시간을 투자한다고 질 높은 교육이 보장되는 것은 아니지만, 기존의 시수로는 어렵고 생소한 과정을 가르치기에는 턱없이 부족했기에 바람직한 정책이라고 생각합니다. AI · 소프트웨어교육의 필요성에 대한 이유는 수없이 많지만, 최대 효과로 아이들의 적성 발견을 들 수 있지 않을까 생각해 봅니다. 짧게나마 기초교육을 해보면 학생들은 이 분야가 적성에 맞는지, 장래 직업으로 선택할 만한지 쉽게 알 수 있을 것입니다. 조기 교육을 통해 장래 인공지능 관련 직업, 컴퓨터 프로그래머의 자질 여부를 알 수 있다면 개인은 물론이고 국가적으로도 시간과 비용을 아낄 수 있을 것입니다.

학생들이 성장하여 직업을 가질 시기가 되면, 어떤 직종에 종사하던 인공지능이 적용되지 않는 곳은 없을 것입니다. 이 말은 '인공지능에 대한 이해가 부족하고 이를 활용할 수 있는 능력이 없다면 미래 사회에서 도태될 가능성이 크다'라는 의미일 것입니다.

AI · 소프트웨어교육이 소기의 효과를 거두려면 현장에 훌륭한 선생님들이 필요합니다. 흥미를 느낀 학생들의 궁금증을 해결해 주고 이후 정확한 진로를 안내하기 위해 교사의 전문성은 무엇보다 중요합니다. 현재 학교 현장에서는 인공지능 교육이 필요하다는 점에 공감하지만, 교사 본인 스스로 인공지능이 무엇이고, 무엇을 어떻게 가르쳐야 하는지에 아직 물음표를 가지고 있는 분들이 많습니다.

다행히 최근 초등학생들도 활용하며 인공지능의 원리를 쉽게 배울 수 있는 인공지능 도구들이 많이 개발되어 있습니다. 본 교재에서는 코딩을 못 해도 가르칠 수 있는, 인공지능 기술이 적용된 서비스 체험을 통해 생활 속 다양한 문제들을 인공지능을 활용하여 해결할 수 있다는 믿음과 자신감을 줄 수 있는 인공지능 교육 내용을 담고 있습니다.

본 교재에 나와 있는 인공지능을 활용한 수업을 학생들에게 하나둘씩 적용하다 보면, 학생들도 인공지능에 더욱 관심을 갖게 될 것입니다. 또한, 인공지능이란 특별한 사람들만이 사용하는 어렵고 복합한 기술이 아니라 우리 모두의 일상생활에 도움을 주고 편리함을 선사해 주는 유용한 기술임을 깨닫게 될 것입니다. '시작이 반이다'라는 속담처럼 본 교재가 선생님들의 인공지능 교육을 '시작'하고 구체적으로 '실천'하는 데 도움이 되기를 간절히 바라봅니다.

문택주

인공지능 하면 흔히들 이세돌 바둑기사와 알파고의 바둑대전을 생각합니다. 아마도 그때 처음으로 인공지능에 대해서 들어봤을 것입니다. 지금은 인공지능이 많이 발전했고, 교육용 소프트웨어도 개발되고 있습니다. 우리가 흔히 사용하는 구글 스피커나 구글 어시스턴트로 음성 명령만으로 스피커에서 음악을 재생할 수 있고, 유튜브 영상을 보면 알고리즘에 의해 나에게 맞는 영상을 끊임없이 추천해 줍니다.

인공지능 소프트웨어가 개발되면서 구글 인공지능 실험실에서는 계속해서 교육에 활용할 수 있는 여러 실험실이 업데이트되고 있습니다. 빠르게 그린 그림을 무엇을 그렸는지 AI가 알아 맞히고, 소리를 내어서 음악을 작곡하고, 내가 지휘자가 되어서 오케스트라를 연주하기도 합니다.

코로나 시대를 거치며 비대면 수업이 활성화되면서 구글 아트 앤 컬처 앱은 더욱 발전하여 AR 기능을 활용하면 우리 집을 바로 미술관으로 만들 수도 있습니다. 이런 여러 활동을 통해 자연스럽게 머신러닝과 딥러닝에 대해서 알 수 있게 됩니다.

그림 그리기나 노래 부르기를 싫어하고, 화음이 무엇인지 모르는 아이들에게 호기심과 흥미를 갖고 수업에 참여할 수 있는 여러 실험도구를 활용하는 방법을 이 책에서 소개하고 있습니다. 이 책을 따라 공부하다 보면 간단한 챗봇으로 직접 만들 수도 있습니다. 코딩을 몰라도 챗봇을 만들 수 있다는 것이 신기할 것입니다. 엔트리에서 직접 코딩을 해서 햄스터 로봇을 움직여 물건을 배달하는 방법까지 알아본다면 정말 즐겁게 수업할 수 있을 것입니다.

초등학교와 중학교에서 소프트웨어교육이 의무화되면서 인공지능에 대한 미래 교육이 더욱 주목받고 있습니다. 누구나 재미있게 인공지능을 배우고 싶고, 직접 간단한 코딩으로 햄스터 로봇을 움직이게 하고 싶다면 이 책이 많은 도움이 될 것입니다.

정동임

[이 책의 구성]

초등학교와 중학교에서 소프트웨어교육이 의무화되면서 인공지능에 대한 교육이 주목받고 있습니다. 이 책은 수업에 참여하는 학생들의 호기심과 흥미를 유발하고 머신러닝과 딥러닝을 자연스럽게 체험할 수 있는 다양한 프로그램을 다루고 있습니다.

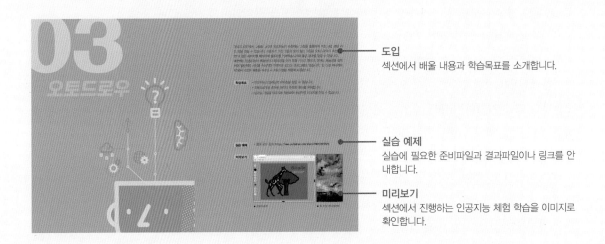

도입
섹션에서 배울 내용과 학습목표를 소개합니다.

실습 예제
실습에 필요한 준비파일과 결과파일이나 링크를 안내합니다.

미리보기
섹션에서 진행하는 인공지능 체험 학습을 이미지로 확인합니다.

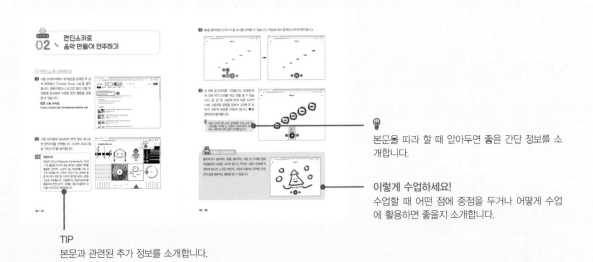

본문을 따라 할 때 알아두면 좋은 간단 정보를 소개합니다.

이렇게 수업하세요!
수업할 때 어떤 점에 중점을 두거나 어떻게 수업에 활용하면 좋을지 소개합니다.

TIP
본문과 관련된 추가 정보를 소개합니다.

알고 싶어요!
본문 외에 알아두면 좋은 내용을 담았습니다.

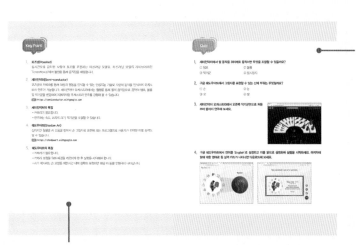

Quiz
본문에서 학습한 내용을 점검하고 응용할 수 있는 문제를 담았습니다. 문제의 정답과 해설은 'Quiz 정답'에서 자세히 설명합니다.

Key Point
섹션에서 학습한 내용을 정리하고 복습합니다.

[목차]

01

인공지능 스피커의
원리 이해하기

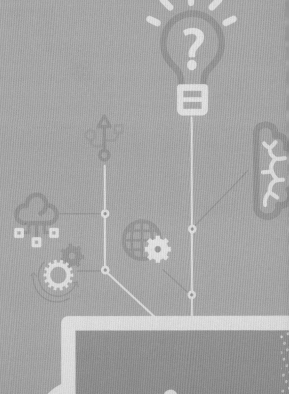

요즘은 인공지능(AI) 서비스를 일상생활에서 쉽게 접할 수 있습니다. 통신사별 AI 스피커를 통해 TV를 켜고 끄고, 아이들 돌봄 서비스와 어르신들 SOS 요청까지 다양한 음성 인식 서비스를 제공하고 있습니다. 스마트폰에서는 구글의 인공지능 비서 어시스턴트를 사용하여 누구나 쉽게 말로 문자를 보내거나, 알람 설정 등을 할 수 있습니다.

학습목표
- 인공지능, 머신러닝, 딥러닝이 무엇인지 말할 수 있습니다.
- 구글 어시스턴트로 인공지능 스피커의 원리를 이해합니다.
- 구글 어시스턴트에 사용자 음성을 인식시킬 수 있습니다.
- 구글 어시스턴트로 다양한 명령을 실행해 봅니다.

미리보기

▲ 구글 인공지능 비서인 어시스턴트 서비스

인공지능 스피커

인공지능

인공지능(Artificial Intelligence)은 사람처럼 사고하고 행동하는 기술을 말합니다. 구글의 인공지능 비서 '어시스턴트'는 사람의 귀에 해당하는 마이크로 음성을 듣고 분석하여 원하는 데이터를 찾아 사람의 입에 해당하는 스피커로 대답을 합니다. 애플의 페이스 아이디는 사람의 눈에 해당하는 카메라로 얼굴을 인식하고 분석하여 해당 아이폰 사용자만 잠금 화면을 열 수 있게 도와줍니다. 이와 같이 사람처럼 사고하고 행동하는 기술을 인공지능이라고 합니다.

인공지능 기술이 처음 등장한 것은 1950년대입니다. '컴퓨터가 스스로 생각할 수 있을까?', '사람이 보고 느끼는 것을 컴퓨터가 할 수 있을까?'라는 질문에서 시작되었습니다.

간단히 말해 인공지능은 사람이 수행하는 작업을 자동화하기 위한 기술입니다. 머신러닝과 딥러닝 기술의 발전으로 컴퓨터가 좀 더 사람과 가깝게 사고할 수 있도록 진화하고 있습니다.

머신러닝과 딥러닝의 차이점

강아지 사진을 보고 강아지인지 아닌지 판단하는 것을 예를 들어 설명해 보겠습니다. 머신러닝은 다양한 강아지 사진을 컴퓨터에 입력하고 이 사진은 '강아지야'라고 정보를 주고 학습시킵니다. 완전히 새로운 강아지 사진을 봤을 때 기존의 데이터와 비교해 컴퓨터는 강아지임을 인식하게 됩니다. 하지만 강아지는 품종, 털 길이, 색깔 등이 다양해 컴퓨터가 처음 본 사진을 강아지라고 인식하지 못할 수도 있습니다.

인공지능(Artificial Intelligence)
인간의 지적 능력을 컴퓨터를 통해 구현하는 기술

머신러닝(Machine Learning)
기계가 학습하는 모든 것으로 인간이 주입시킨 자료를 알고리즘으로 데이터화하여, 이를 컴퓨터가 분석하여 향후 패턴을 예측하는 시스템

딥러닝(Deep Learning)
인공 신경망을 통해 인공지능이 스스로 학습하여 사용자가 원하는 정확한 결과를 도출하도록 하는 것

머신러닝(Machine Learning)은 컴퓨터가 강아지만의 특징을 파악해 강아지라는 사실을 인식하려면 무수히 많은 강아지 사진을 습득해야 가능합니다. 딥러닝(Deep Learning)은 컴퓨터가 혼자 스스로 강아지의 다양한 사진을 찾아보고 학습한 뒤 새로운 강아지 사진을 봤을 때 강아지라고 인식할 수 있습니다.

머신러닝은 딥러닝보다 포괄적인 의미로 데이터를 이용하여 특성과 패턴을 학습하고 결과를 바탕으로 데이터 값을 예측합니다. 반면, 딥러닝은 머신러닝에서 사람의 뇌를 모방한 인공 신경망을 통해 문제를 학습하고, 그 데이터를 활용하여 미래 상황을 예측하여 인식하는 것을 말합니다. 따라서 딥러닝은 머신러닝에 비해 더욱 진화한 인공지능 기술이라고 할 수 있습니다.

> **TIP** **알고리즘(Algorithm)**
> 주어진 문제를 논리적으로 해결하기 위해 필요한 절차, 방법, 명령어들을 모아놓은 것으로, 컴퓨터에서 알고리즘은 명령어를 뜻합니다.

인공지능(AI) 스피커

음악이나 라디오를 들을 때 사용하는 스피커가 이제는 음향 기기를 넘어 스마트 도구로 발전하고 있습니다. 스마트폰의 음성 인식 기술과 인공지능의 AI 기술이 만나 단순 소리를 전달하는 도구에서 말로 제어하고 명령을 실행하는 AI 스피커로 거듭나고 있습니다.

PC 시대에는 마우스와 그래픽 중심의 사용자조작화면(UI) 플랫폼이었고, 스마트폰

이 등장하면서 화면을 클릭할 수 있는 터치 기반 사용자조작화면(UI) 플랫폼이 등장했습니다. 이제는 음성 기반 플랫폼 즉, 손을 대지 않고 편리하게 기기를 조작할 수 있는 AI 스피커가 주목받고 있습니다.

AI 스피커를 사용하면 인공지능 알고리즘을 통해 사용자 목소리만으로 집안의 기기를 편리하게 제어하여 스마트홈 환경을 만들 수 있습니다.

구글 어시스턴트

구글 어시스턴트는 사용자의 음성을 인식해 질문을 파악한 후 문자 전송, 알람 설정, 음악 재생 등을 수행하는 인공지능(AI) 비서 서비스입니다.

구글 어시스턴트에서는 사용자 음성을 녹음하여 생성된 음성 모델을 내 휴대전화에 저장합니다. 저장된 음성 모델은 사용자와 다른 사람을 구분하며 사용자의 목소리에만 반응하여 어시스턴트에 액세스할 수 있게 해 줍니다. 2016년 구글에서 개발했으며 구글 어시스턴트를 기반으로 한 스피커 형태의 AI 개인 비서 기기로 구글 홈을 통해 집안 전체의 스마트 기기를 제어할 수 있습니다.

구글 어시스턴트 실행하기

🤖 내 음성 인식시키기

구글 어시스턴트를 처음 실행할 때 내 음성을 인식시키기 위해 "Hey Google" 또는 "Ok Google"을 녹음합니다. 이는 언제 어디서나 호출할 수 있는 명령어가 됩니다. 구글 어시스턴트는 사용자의 음성을 녹음하여 고유한 음성 모델을 만들어 사용자의 기기에 저장합니다. 생성된 음성 모델은 다른 사람의 음성과 구별되며 사용자의 음성에만 반응합니다. 하지만 녹음한 사용자 음성과 비슷한 음성의 경우 동일한 호출 명령어를 말했을 때 기기가 반응할 수도 있습니다.

1 홈 버튼을 길게 터치하면 구글 어시스턴트가 추천 명령어와 함께 나타납니다. 다시 한 번 홈 버튼을 길게 터치해 구글 어시스턴트를 실행합니다. 왼쪽 하단의 '시작하기'를 터치합니다.

2 [계속] 버튼을 터치한 후 화면이 꺼져 있어도 'Voice Match로 어시스턴트에 액세스'할 수 있다는 설명을 확인하고 [다음] 버튼을 터치합니다. 'Voice Match 사용에 동의' 창에서 [동의] 버튼을 터치합니다.

3 구글 어시스턴트가 내 음성을 인식하도록 "Hey Google" 또는 "Ok Google"을 말합니다. 같은 방법으로 3번 더 말합니다. 음성 인식이 완료되면 [다음] 버튼을 터치합니다.

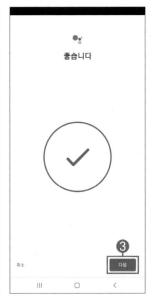

4 잠금 화면에서 개인정보 검색결과를 표시할지 선택한 후 [다음] 버튼을 터치합니다. 화면 컨텍스트 사용과 최신 도움말을 이메일로 받을지 설정한 후 [다음] 버튼을 터치해 구글 어시스턴트 설정을 마무리합니다.

5 잠금 화면에서 "Hey Google" 또는 "Ok Google"을 말하면 인공지능이 인식하여 잠금 화면에서도 구글 어시스턴트를 실행합니다. 명령어를 말하면 듣고, 명령에 맞게 실행합니다. 그림처럼 호출어를 말하고 "오늘 날씨 어때"라고 물어보면 날씨를 안내해 줍니다.

호출어 + "오늘 날씨 어때?"

구글 어시스턴트로 여러 명령 실행하기

알람

잠금 화면에서 호출어와 함께 "2시간 후 알람"이라고 말하면 구글 어시스턴트가 실행되면서 2시간 후 알람이 설정됩니다.

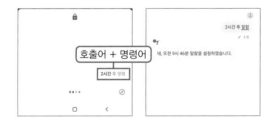

최신 뉴스 듣기

호출어와 함께 "오늘 뉴스 들려줘."라고 말하면 오늘 뉴스를 들려줍니다. 이때 방송사를 지정해 명령하면 해당 방송사의 뉴스를 바로 들려줍니다.

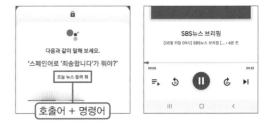

전화 하기

호출어와 함께 "○○한테 전화 걸어줘"라고 말하면 인공지능이 연락처에서 ○○를 찾아서 전화를 걸어 줍니다.

문자 보내기

호출어와 함께 "○○한테 ~라고 문자 보내 줘"라고 말하면 인공지능이 문자로 보낼 내용을 확인한 후 전송할지, 수정할지 묻습니다. "전송"이라고 말하면 문자를 상대방에게 보낼 수 있습니다.

리마인더 설정하기

어시스턴트를 활용해서 스케줄 알람을 빠르게 설정할 수 있습니다. 리마인더는 알람과 같은 기능인데, 캘린더에 스케줄이 표시되지는 않습니다. 어시스턴트를 사용하면 리마인더에 바로 알람 기능을 추가할 수 있습니다.

호출어와 함께 "리마인더 실행해 줘"라고 말하면 인공지능이 리마인더 이름을 물어보면 대답합니다. '이름'이 자동으로 입력됩니다.

어시스턴트가 날짜와 시간을 물어보면 시간이나 장소를 선택하여 대답합니다. 리마인더에 새로운 일정이 등록되고, 해당 시간에 알람이 옵니다.

TIP **구글 어시스턴트 음성 변경하기**

① 호출어와 함께 "어시스턴트 설정 열어 줘"라고 말하면 바로 어시스턴트 설정 화면으로 이동합니다. 스크롤을 아래로 내려서 [어시스턴트 음성 및 소리]를 터치합니다.

② 어시스턴트 음성 및 음성 출력에서 '레드', '오렌지'의 음성을 각각 들어본 후 마음에 드는 것을 선택합니다. 기본으로 설정된 남성 음성 외에 여성 음성으로도 설정할 수 있습니다.

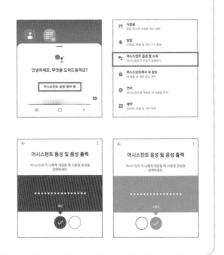

구글 어시스턴트는 매우 편리하지만, 영화를 보거나 음악을 들을 때 갑자기 구글 어시스턴트가 실행되면 불편하고 귀찮습니다. 이럴 때를 위해 구글 어시스턴트를 끄는 방법을 알아보겠습니다.

❶ 스마트폰의 홈 화면이나 앱스 화면에서 설정 ⚙ 앱을 터치한 후 스크롤을 내려서 [Google] – [Google 앱 설정]을 터치합니다. [검색, 어시스턴트 및 Voice]를 터치한 후 [Google 어시스턴트]를 터치합니다.

❷ 스크롤을 아래로 내려서 [일반] – [Google 어시스턴트]를 터치하여 비활성시킵니다. Google 어시스턴트 사용을 중지하겠냐는 창이 나타나면 [끄기]를 터치합니다.

❸ 어시스턴트가 호출어에는 반응하지 않지만, 홈 버튼을 길게 누르면 여전히 어시스턴트 창이 나타납니다. 어시스턴트 창 자체를 종료하기 위해 설정 ⚙ 앱에서 [애플리케이션]을 터치합니다.

❹ 화면은 스마트폰 버전에 따라 다를 수 있습니다. 화면 오른쪽의 ⋮ − [기본 앱] − [지원 앱(Google)]을 선택하거나 [기본 앱 선택]을 바로 터치한 후 [디지털 어시스턴트 앱]을 터치합니다. [디바이스 도우미 앱(Google)]을 선택한 후 '기본 지원 앱'에서 [없음]을 선택하면 홈 버튼을 길게 터치해도 어시스턴트가 실행되지 않습니다.

구글 어시스턴트로 공부하기

통역 모드로 공부하기

구글 어시스턴트는 화자의 언어를 인식하여 다른 언어로 자동 번역해 주는 기능을 제공합니다. 현재 이 기능은 대화를 인식해 실시간으로 주고받을 수 있는 자동 기능, 매번 마이크 버튼을 터치해 순차적으로 목소리를 입력하는 수동 기능, 텍스트를 직접 입력하는 키보드 기능을 지원합니다. 수동 기능은 음성 입력 시 버튼을 수동으로 터치한다는 의미로 인공지능 기반의 통역 기능은 동일하게 제공됩니다. 실시간 통역 기능을 사용하려면 스마트폰이 인터넷에 연결되어 있어야 합니다.

1 호출어와 함께 "통역 모드"라고 말하면 어시스턴트는 "네, 어떤 언어를 도와드릴까요"라고 말합니다. 원하는 언어를 직접 입력하거나 음성으로 "영어"라고 말하여 설정할 수도 있습니다.

2 한국어로 말하면 어시스턴트에서 바로 영어로 번역해 줍니다. 계속해서 마이크가 작동하기 때문에 상대방이 영어로 말하면 어시스턴트는 자동으로 감지해 영어를 한국어로 번역해 줍니다. 실시간으로 대화를 주고받을 수 있습니다.

3 영어를 일본어로 통역하고 싶을 때 호출어와 함께 "통역 모드"라고 말하면 어시스턴트에서 "네, 어떤 언어를 도와드릴까요"라고 말합니다. 기본 설정된 언어 대신 "영어를 일본어로 통역해 줘"로 설정한 후 영어로 말하면 자동으로 일본어로 통역해 줍니다. 영어와 일본어를 동시에 공부할 수 있습니다.

구글 어시스턴트는 44개국 언어를 실시간으로 통역할 수 있습니다.

번역

번역이 필요할 때 어시스턴트에게 "영어로 번역해 줘"라고
말할 수 있습니다. 그러면 '해 줘'라는 단어만 번역한 'Do it'
이라는 결과를 들려줍니다. '번역'이 필요할 때도 '통역'이라
고 말해야 합니다. 통역 모드는 혼자서 영어 공부를 할 때 학
습 도우미로 사용할 수도 있습니다.

🤖 언어 설정 변경해서 공부하기

1 호출어와 함께 "어시스턴트 설정 열어 줘"
라고 말하면 바로 어시스턴트 설정 화면
으로 이동합니다. 스크롤을 아래로 내려서
[언어]를 터치합니다.

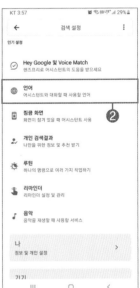

2 어시스턴트 언어에서 [한국어(대한민국)]를 선택합니다. 미국식 영어를 공부하기 위해 '언어'에서 [English (United States)]를 선택합니다.

3 호출어와 함께 영어로 말하면 어시스턴트도 영어로 대답하고, 명령에 해당하는 내용을 검색해 줍니다. 계속해서 호출어와 명령어를 영어로 말하면서 대화할 수 있습니다. 어시스턴트가 알아들을 수 있도록 발음에도 신경 쓰면서 영어 공부를 하게 됩니다.

Key Point

1. **인공지능(Artificial Intelligence)**
   인간이 가진 지적 능력을 컴퓨터를 통해 구현하는 기술입니다.

2. **머신러닝(Machine Learning)**
   기계가 학습하는 모든 것으로, 인간이 주입한 자료를 알고리즘으로 데이터화하여 이를 컴퓨터가 분석해 향후 패턴을 예측하는 시스템으로 기계학습이라고도 합니다.

3. **딥러닝(Deep Learning)**
   인공 신경망을 통하여 인공지능이 스스로 학습하여 사용자가 원하는 정확한 결과를 도출하도록 하는 것입니다.

4. **인공지능 스피커**
   음성 인식 기술과 인공지능 기술이 만나서 사용자의 음성을 인식하여 사용자의 지시를 이행하는 인공지능 비서 기능을 탑재한 스피커를 뜻합니다.

5. **구글 어시스턴트**
   사용자 음성을 녹음하여 생성된 음성 모델을 휴대전화에 저장하고, 해당 음성 모델에 반응하여 문자 전송, 알람 설정, 길 찾기 등을 수행하는 인공지능(AI) 비서 서비스입니다.

6. **구글 어시스턴트 명령 실행하기**
   홈 버튼을 길게 터치해 구글 어시스턴트를 실행하여 'Voice Match'를 통해 호출어를 녹음합니다. 필요 시에 호출어와 명령어를 함께 말해 어시스턴트를 실행하고 명령합니다.

1. 인공지능 스피커에서 어떤 인식 기능을 가장 많이 사용할까요?
   ① 텍스트   ② 지문
   ③ 음성   ④ 그래픽

2. 구글에서 제작하여 사용자의 음성을 인식해 질문을 파악한 후 문자 전송, 알람 설정, 음악 재생 등을 수행하는 인공지능(AI) 비서 서비스는 무엇일까요?
   ① 행아웃   ② 미트
   ③ 아트 앤 컬처   ④ 어시스턴트

3. 구글 어시스턴트를 통해 '내일 뉴욕 날씨'를 알아보세요.

4. 구글 어시스턴트로 '달면 삼키고 쓰면 뱉는다'는 고사성어를 찾아보세요.

02

퀵드로우와
티처블머신

머신러닝은 수많은 데이터를 분석하고 컴퓨터가 스스로 학습하여 결과를 예측하는 것으로 인공지능 구현 방법의 하나입니다. 내가 그린 이미지를 분석하여 무엇인지 예측하는 '퀵드로우'를 사용해 보고, 같은 사물을 다른 사람들은 어떻게 그리는지 살펴보면서 빅데이터에 대해서도 자연스럽게 이해할 수 있습니다. 티처블머신에서는 이미지 프로젝트로 머신러닝 모델을 만들어보겠습니다.

학습목표
- 인공지능, 머신러닝, 딥러닝이 무엇인지 말할 수 있습니다.
- 퀵드로우로 그린 이미지의 인식 원리를 이해합니다.
- 퀵드로우에서 내가 그린 그림과 다른 사람의 그림을 비교해 볼 수 있습니다.
- 티처블머신에서 이미지 프로젝트를 직접 만들고, 기계학습의 원리를 이해합니다.

실습 예제
- 준비파일 : a1~a4, b1~b4, c1~c4
- 결과 공유 링크: https://teachablemachine.withgoogle.com/models/OYzwwXM72

미리보기

▲ 퀵드로우

▲ 티처블머신

인공지능 기술 이해하기

머신러닝

정확한 판단을 내리기 위해 수많은 데이터를 기반으로 컴퓨터가 스스로 학습하는 것을 머신러닝(Machine Learning)이라고 합니다. 컴퓨터가 제대로 학습하기 위해서는 수많은 양의 데이터, 즉 빅데이터를 제공해 줘야 합니다. 학습하기 위해 빅데이터를 분석하고, 분석한 것을 기반으로 학습하고, 학습한 내용을 바탕으로 예측하는 것이 바로 머신러닝입니다.

머신러닝은 이미 우리 생활에서 많이 사용되고 있습니다. 아이폰의 페이스 아이디 같은 얼굴 인식, 쇼핑몰에서 사용자에게 맞춤형 제품을 추천해 주는 기능, 넷플릭스와 유튜브와 같은 플랫폼의 추천 기능, 포털 사이트에서 검색할 때 사용되는 자동완성 및 연관 검색어 등이 그 예입니다.

▲ 쇼핑몰의 맞춤형 추천 상품

▲ 포털 사이트의 연관 검색어

그림을 인식하는 퀵드로우

AI Experiments(https://experiments.withgoogle.com/collection/ai)는 구글에서 제작한 AI 실험실로 인공지능을 체험할 수 있는 사이트입니다. 그림, 언어, 음악 등을 통해 머신러닝을 쉽게 탐색할 수 있는 간단한 실험을 제공하는데, 퀵드로우, 오토드로우 등이 있습니다.

AI 실험실 중 하나인 퀵드로우(Quick Draw)는 낙서한 그림을 머신러닝에 의해 학습된 인공지능이 맞추는 게임입니다. 단순히 낙서한 그림을 맞추는 게임이 아니라 제시된 단어에 대해 다른 사람은 어떻게 표현했는지 알아볼 수 있고, 인공지능이 어떻게 학습하는지도 확인할 수 있습니다.

인공지능은 새로운 그림을 제시하면 기존의 수많은 데이터를 비교, 분석하여 어떤 그림인지 예측합니다. 사용자가 많아 그림 데이터가 많을수록 인공지능이 똑똑해져서 그림을 바로바로 인지할 수 있게 됩니다.

머신러닝 모델을 만드는 티처블머신

티처블머신(Teachable Machine)은 누구나 머신러닝 모델을 쉽고 빠르게 만들 수 있는 웹 기반 도구입니다. 이미지, 사운드, 자세를 인식하도록 컴퓨터를 학습시켜서 코딩을 몰라도 누구나 쉽게 머신러닝 모델을 만들 수 있습니다.

티처블머신에서 머신러닝 모델이 만들어지는 과정

1. 모으기

컴퓨터를 학습시키기 위해 먼저 예시를 클래스 또는 그룹화합니다.

2. 학습

수집한 모델을 컴퓨터에 학습시킵니다.

3. 예측

학습된 머신모델을 검사하기 위해 비교할 모델을 제시하고 학습 결과를 예측합니다.

퀵드로우에서 낙서하기

 퀵드로우에서 낙서하기

1 크롬 브라우저에서 '퀵드로우'를 검색한 후 검색 목록 중 'Quick, Draw!'를 클릭하여 접속합니다.

URL 퀵드로우

https://quickdraw.withgoogle.com

TIP 구글이 개발한 퀵드로우는 크롬 브라우저에 최적화되어 있습니다. 크롬 브라우저가 설치되어 있지 않으면 사용하는 브라우저에서 크롬(Chrome)을 검색하여 크롬 사이트(https://www.google.com/intl/ko/chrome)에 접속합니다. [Chrome 다운로드] 버튼을 클릭하여 다운로드 한 후 설치하여 사용합니다.

2 낙서 인식 프로그램 퀵드로우에 접속하였습니다. [시작하기] 버튼을 클릭합니다.

3 낙서할 제시어가 나타납니다. 제시된 그림을 20초 이내에 그려야 하므로 준비되었으면 [알겠어요!]를 클릭합니다.

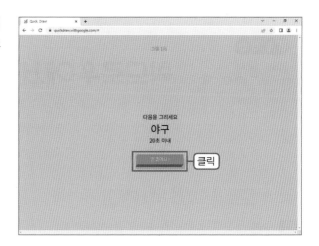

4 상단에 시간이 흐르기 시작합니다. 20초 안에 그려야 하므로 제시어의 특징을 잘 나타내는 그림을 그려야 합니다.

💡 그림을 그릴 때 제한시간 20초가 다 되어가면 경고의 의미로 상단의 시간이 빨간색으로 표시되며, 제한시간이 지나면 자동으로 다음 제시어가 나타납니다.

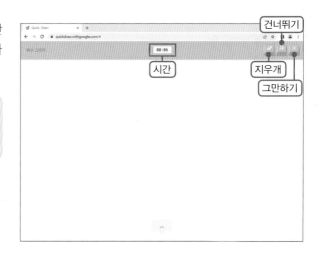

5 그림을 그리기 시작하면 인공지능이 바로 분석하여 쉴새 없이 단어를 외칩니다. 동그라미를 그리고, 야구공의 특징인 안쪽 선을 그리자 바로 야구를 맞춘 후 다음 제시어가 나타납니다.

6 총 6개의 제시어가 나타나고, 그림을 모두 그리면 결과를 모아서 보여 줍니다. 다른 사람이 같은 주제로 그림을 어떻게 그렸는지 보기 위해 그림 중 하나를 선택합니다. 여기서는 첫 번째 이미지인 야구공을 클릭합니다.

7 인공지능의 신경망이 인식하고 예측한 다른 그림도 볼 수 있습니다.

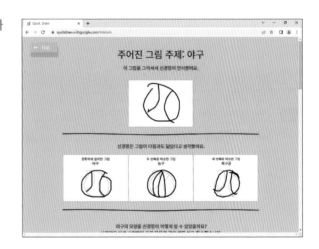

 **이렇게 수업하세요!**

퀵드로우에서는 짧은 시간 안에 주어진 주제의 특징을 살려 그려야 합니다. 학생들은 사물의 주요 특징을 찾아내는 훈련을 할 수 있습니다. 또한, 주어진 과제를 해결한 후 다른 사람의 정답과 비교할 수 있으므로 다른 사람의 생각과 내 생각을 비교하면서 사고의 폭을 넓혀 나갈 수 있습니다.

그림 그리는 것에 자신이 없는 학생도 낙서처럼 그린 그림에 인공지능이 반응하여 바로 정답을 맞추기 때문에 자신감을 갖게 됩니다.

8 스크롤을 내리면 같은 주제에 대해서 다른 사람이 그린 수많은 그림을 확인할 수 있습니다. 인공지능은 제시어 야구에 대한 수많은 데이터로 학습했기 때문에 낙서한 그림을 쉽게 맞출 수 있었습니다.

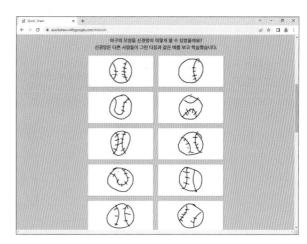

TIP 사물의 특징을 다른 사람과 다르게 그린 경우 인공지능이 그림을 맞추지 못할 수도 있습니다. 다른 사람의 그림을 보며 내 생각과 비교해 봅니다.

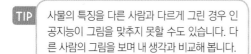 퀵드로우의 빅데이터 확인하기

1 사용자가 그린 그림들이 머신러닝을 학습시키는 역할을 합니다. 그림 데이터가 많을수록 인공지능 학습량이 많아져 똑똑해집니다. 퀵드로우 메인 화면에서 [세계 최대의 낙서 데이터 세트]를 클릭합니다.

2 번역 창이 뜨면 [한국어]로 설정합니다. 인공지능이 학습한 5천만 장의 그림을 볼 수 있는데, 이 중 하나를 선택합니다. 여기서는 반창고 그림을 클릭했습니다.

3 사람들이 그린 수많은 반창고 그림이 나타납니다. 잘못 그린 그림을 클릭합니다.

💡 'Bandage'는 붕대로 번역하는데, 붕대 외에 반창고로도 쓰여 반창고를 그린 사람이 많습니다. 본래 영어로 된 프로그램인데 제시어가 한국어로 잘못 번역되어 그림에 오류가 생기는 경우도 있습니다.

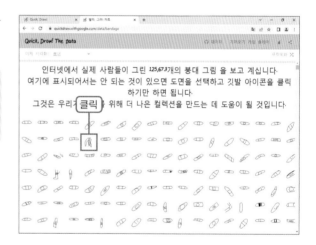

4 해당 단어와 어울리지 않는 그림이라고 생각되면 깃발 아이콘을 선택합니다. 인공지능이 단어와 그림을 바르게 분석할 수 있도록 도와주는 것도 중요합니다.

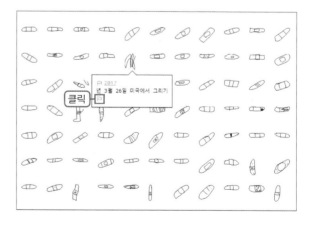

Step 03 \ 티처블머신으로 머신러닝 모델 만들기

티처블머신의 이미지 프로젝트 만들기

1 크롬 브라우저에서 '티처블머신'를 검색한 후 검색 목록 중 'Teachable Machine'을 클릭하여 접속합니다. [시작하기] 버튼을 클릭합니다.

URL 티처블머신
https://teachablemachine.withgoogle.com

2 티처블머신에서는 이미지, 소리, 포즈(동작) 중에서 선택하여 머신러닝 모델을 만들 수 있습니다. 여기서는 가장 기본인 [이미지 프로젝트]를 선택하겠습니다.

3 [새 이미지 프로젝트] 창에서 [표준 이미지 모델]을 선택합니다.

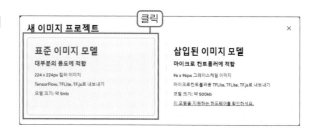

4 프로젝트 페이지가 펼쳐지는데, 이 페이지에서 모델을 완성하기까지의 모든 단계가 진행됩니다. 모델을 만들기 위한 조건 역할을 하는 것이 Class라고 할 수 있습니다.

5 각각의 조건을 만들기 위해 Class1과 Class2의 ✎를 클릭하여 '각기둥', '각뿔'이라고 입력합니다. '각기둥'의 이미지를 학습시키기 위해 [업로드]를 클릭합니다.

💡 '이미지 샘플 추가'에서 [웹캠]을 선택하여 직접 이미지를 촬영해서 샘플 이미지를 추가할 수도 있습니다.

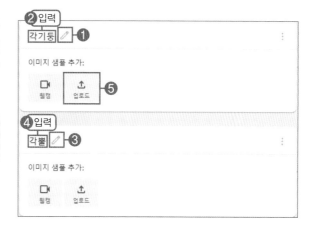

6 파일 창이 열리면 '파일에서 이미지를 선택하거나 여기로 드래그 앤 드롭하세요.'를 클릭합니다. 이미지를 직접 드래그 앤 드롭해도 이미지를 불러올 수 있습니다.

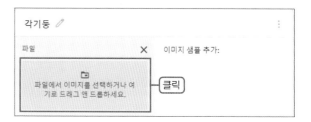

7 [열기] 창이 나타나면 'a1~a4'까지 [Shift]키
를 누르고 선택한 후 [열기] 버튼을 클릭하
여 불러옵니다.

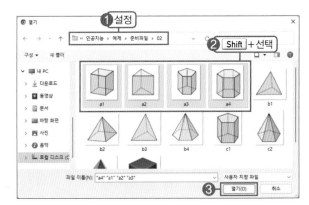

8 '각기둥'과 같은 방법으로 '각뿔'의 이미지
'b1~b4'까지 불러옵니다.

 클릭하여 'b1~b4' 불러오기

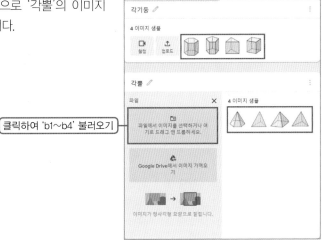

이렇게 수업하세요!

학생들과 각기둥의 특징에 관하여 이야기해 볼 수 있습니다. 각기둥은 면이 서로 평행이고 합동인 다각형으로 이
루어졌으며, 옆면이 모두 직사각형인 입체 도형으로 밑면의 모양에 따라 각기둥의 이름이 달라집니다. 각뿔은 밑
면이 다각형이고, 옆면이 삼각형인 뿔 모양의 입체 도형을 '각뿔'이며, 옆면의 수는 밑면의 변의 수와 같습니다.
즉, 밑면이 삼각형이면 옆면의 수는 3개, 사각형이면 옆면의 수는 4개입니다. 입체 도형 중 '원기둥'과 '원뿔'을 클
래스로 추가하고 학습시켜 새로운 입체 도형 프로젝트를 만들 수도 있습니다.

🤖 모델 학습시키기

1 학습에서 [모델 학습시키기] 버튼을 클릭합니다.

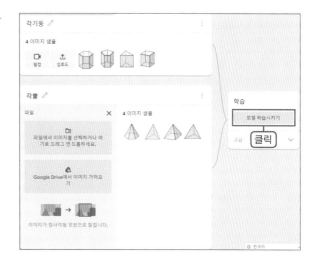

2 클래스의 모델이 학습 진행 중입니다. '탭을 전환하지 마세요.'라는 경고 창이 나타나면 [확인]을 클릭합니다.

💡 '탭을 전환하지 마세요.'라는 경고 창의 [확인]을 클릭하지 않아도 학습이 완료되면 자동으로 다음 단계로 진행됩니다.

TIP
- 각기둥이나 각뿔의 특징을 가지고 있는 입체 도형 모델이 많을수록 학습 시간이 오래 걸리고 추후에 인공지능이 판단할 때 정확하게 예측할 수 있습니다.
- 처음 프로젝트를 실행하면 단계별로 설명창이 나타납니다. 클래스 2개를 여기에서 학습시키라는 설명과 방법에 대해서 동영상으로 시청한 후에 따라해 볼 수 있습니다.

3 모델 학습이 완료되면 현재 웹 페이지에서 웹캠 사용을 허용할지 여부를 묻는 창이 나타납니다. [허용] 버튼을 클릭합니다.

4 제대로 학습되었는지 이미지를 불러와 확인해 봅니다. '입력'에서 [웹캠]을 [파일]로 설정합니다. '파일에서 이미지를 선택하거나 여기로 드래그 앤 드롭하세요.'를 클릭합니다.

5 [열기] 창에서 'c1' 파일을 선택한 후 [열기] 버튼을 클릭합니다.

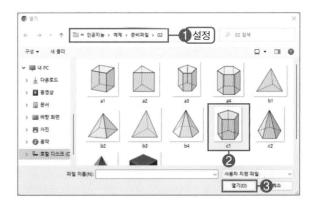

6 각기둥을 '100%'로 예측합니다. 같은 방법으로 'c2' 파일을 불러오면 각뿔 '100%'로 예측합니다.

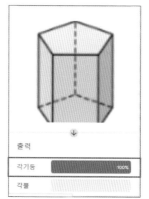 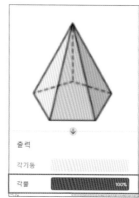

모델 내보내기

1 기계학습이 잘 되어서 제대로 작동된다고 생각되면 모델 프로그램을 내보냅니다. 오른쪽 상단의 [모델 내보내기]를 클릭합니다.

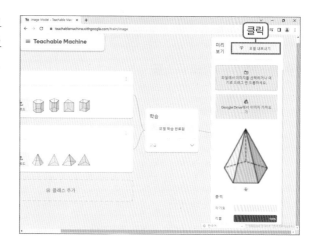

2 모델 내보내기 창에서 '모델 내보내기'의 [모델 업로드]를 클릭합니다.

3 업로드가 완료되고 공유 가능한 링크 옆에 '복사'가 표시되면 클릭합니다.

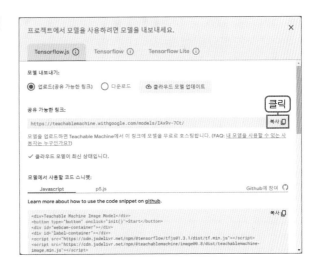

👾 모델 내보내기 공유 링크에서 머신러닝 확인하기

1 생성한 공유 링크 주소를 다른 사람과 공유할 수도 있고, 직접 주소 표시줄에 복사하여 접속할 수도 있습니다. 'Input'에서 [Webcam]을 [File]로 설정한 후 'Choose images from your files, or drag & drop here'을 클릭합니다.

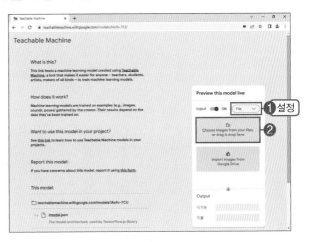

TIP 만든 머신러닝의 모델 링크 주소를 공유받은 사람도 각기둥과 각뿔을 구별하는 수업을 동일하게 진행할 수 있습니다.

2 [열기] 창이 나타나면 'c3'나 'c4'를 선택한 후 [열기] 버튼을 클릭합니다.

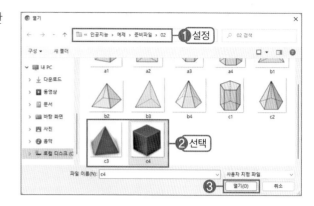

3 c3는 각뿔 '100%'로 예측합니다.

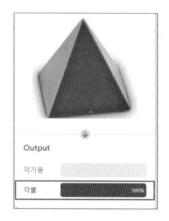

4 c4는 각기둥 '84%'로 예측하여 그림이 아닌 사진 이미지도 예측할 수 있음을 알 수 있습니다.

TIP 웹캠으로 직접 입체 도형 도구를 비추어서 판단해 볼 수도 있습니다. 이미지 프로젝트 외에 오디오 프로젝트로 다양한 동물 소리를 학습시켜서 동물 소리를 판별하는 머신러닝을 만들어 볼 수도 있고, 포즈 프로젝트에서 웹캠을 통해 동작을 학습시켜서 머신러닝을 만들어 볼 수도 있습니다.

1. **머신러닝(Machine Learning)**
   기계가 학습하는 모든 것으로, 인간이 주입한 자료를 알고리즘으로 데이터화하여 이를 컴퓨터가 분석하여 향후 패턴을 예측하는 시스템으로 기계학습이라고도 합니다.

2. **AI Experiments**
   구글에서 제작한 AI 실험실입니다.
   URL https://experiments.withgoogle.com/collection/ai

3. **빅데이터(Big Data)**
   인터넷을 활용하고 남기는 모든 디지털 흔적들을 수집한 자료입니다.

4. **퀵드로우(Quick Draw)**
   낙서한 그림을 머신러닝에 의해 학습된 인공지능이 맞추는 게임입니다.
   URL https://quickdraw.withgoogle.com

5. 퀵드로우에서 제시한 단어를 20초 동안 그리면 인공지능이 분석하여 예측하고, 제시된 6개의 단어를 모두 그리면 사용자가 그린 그림과 인공지능이 맞았는지 살펴볼 수 있습니다. 빅데이터가 많을수록 정답률이 높습니다.

6. **티처블머신(Teachable Machine)**
   누구나 머신러닝 모델을 쉽고 빠르게 만들 수 있도록 제작한 웹 기반 도구로 이미지, 사운드, 동작을 인식하여 프로젝트를 만들고, 모델을 다른 사람과 공유할 수 있습니다.
   URL https://teachablemachine.withgoogle.com

1. 기계학습을 무엇이라고 할까요?
   ① 인공지능　　　　　　　　　② 머신러닝
   ③ 딥러닝　　　　　　　　　　④ 빅데이터

2. 인공지능, 머신러닝, IOT에서 활용되는 데이터는 여러 종류의 기계에서 온 데이터와 다양한 방법으로 결합될 때 유용하게 사용되고 있습니다. 우리는 이것을 무엇이라고 할까요?
   ① 인공지능　　　　　　　　　② 머신러닝
   ③ 딥러닝　　　　　　　　　　④ 빅데이터

3. 퀵드로우에서 다른 사람이 그린 너구리 그림을 찾아보세요.

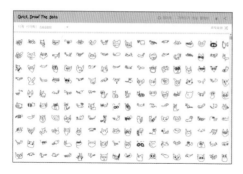

4. 다음 공유 링크에 접속한 후 장미, 국화, 튤립 사진을 넣어서 인공지능이 꽃 이름을 제대로 맞추는지 확인해 봅니다.

   URL https://teachablemachine.withgoogle.com/models/RNBzDvv0G

03

오토드로우

'오토드로우'에서 그림을 그리면 인공지능이 추천하는 그림을 활용하여 픽토그램, 생일 카드 등을 만들 수 있습니다. 사용자가 그린 그림과 맞지 않는 그림을 오토드로우가 추천한다면 더 많은 데이터를 확보하여 컴퓨터를 기계학습시켜야 좋은 결과를 얻을 수 있습니다.

예전에는 인공지능이 예술성이나 창의성을 갖지 못할 거라고 했으나, 현재는 예술성을 접목하여 일반적인 사진을 추상적인 이미지로 만드는 프로그램도 있습니다. '딥 드림 제너레이터'에서 사진의 화풍을 바꾸는 AI 프로그램을 체험해 보겠습니다.

학습목표
- 머신러닝과 딥러닝의 차이점을 말할 수 있습니다.
- 오토드로우로 축적된 데이터 추천의 원리를 이해합니다.
- 딥러닝 기술을 이미지에 적용하여 추상적인 이미지를 만들 수 있습니다.

실습 예제
- 결과 공유 링크: https://www.autodraw.com/share/YWUYLEBTOSF1

미리보기

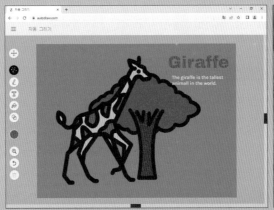

▲ 오토드로우

▲ 딥 드림 제너레이터

머신러닝과 딥러닝의 차이점은 무엇일까?

머신러닝과 딥러닝의 차이점

딥러닝은 스스로 학습한다는 점에서 머신러닝과 동일하나, 실질적으로 딥러닝은 머신러닝의 하위 개념입니다. 실제로 머신러닝에 딥러닝이 포함되며 두 용어가 때로 비슷하게 사용되기도 하지만 둘의 기능은 다릅니다.

기본 머신러닝 모델은 그 기능이 무엇이든 학습량이 많아질수록 점진적으로 향상되는데, AI 알고리즘이 부정확한 예측을 반환하면 엔지니어가 개입하여 조정해야 합니다. 딥러닝 모델은 AI 알고리즘이 자체 신경망을 통해 예측의 정확성 여부를 스스로 판단할 수 있습니다.

머신러닝과 딥러닝을 설명할 때 흔히 고양이와 강아지 사진을 구분하는 예시를 듭니다. 머신러닝은 고양이와 강아지 사진과 함께 판단을 위한 특징 정보를 알고리즘 형태로 제공하지만, 딥러닝은 스스로 특징까지 추출하여 문제를 풀게 됩니다. 고양이, 강아지에 대한 정보를 주지 않아도 딥러닝을 통해 학습시키면 컴퓨터는 특성만 가지고도 고양이와 강아지를 분류할 수 있습니다.

인간과 인공지능 대결로 유명한 이세돌 바둑기사와 바둑을 두어 이겼던 알파고가 딥러닝 기술이 적용된 대표적인 사례입니다.

오토드로우(AutoDraw)

오토드로우는 딥러닝 기반의 인공지능 그리기 프로그램입니다. 오토드로우에 낙서하듯 그림을 그리면 머신러닝 기술이 점, 선, 면 등을 인식하여 빅데이터에 있는 작품 중에서 비슷한 그림들을 추천해 줍니다. 구글에서 제작한 퀵드로우(Section 02 참고)를 통해 수많은 이미지 데이터들이 쌓이고, 이렇게 쌓인 데이터와 기술 그리고 아티스트들의 협업으로 '오토드로우'를 만들었습니다.

그림판과 비슷하게 생겨서 쉽게 그림을 그릴 수 있는 무료 프로그램입니다. PC는

물론, 스마트폰, 태블릿 등에서도 사용할 수 있습니다. 오토드로우는 누구나 짧은
시간 안에 시각적으로 무엇이든 만들 수 있도록 도와줍니다. 따라서 그림을 잘 그리
지 못하는 사람도 자신감을 얻을 수 있습니다.

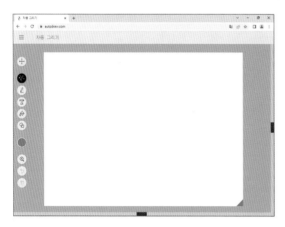 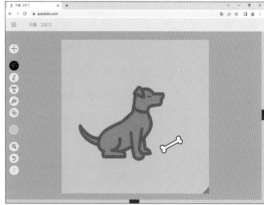

딥 드림 제너레이터(Deep Dream Generator)

구글에서 개발한 '딥드림(Deep Dream)'은 '오토드로우'를 포함해 인공 신경망을 통
한 시각화 코드입니다. 인공 신경망 기반의 컴퓨터 학습 방식인 '딥러닝'을 시각적
이미지에 적용한 기술로, 결과물이 마치 꿈을 꾸는 듯한 추상적인 이미지를 닮았다
고 해서 '딥 드림'이라고 부르게 되었습니다.

▲ 왼쪽 상단의 사진과 하단의 그림을 딥러닝에 의해 합성하여 오른쪽의 새로운 풍의 그림 탄생
  (출처: https://deepdreamgenerator.com)

딥 드림 제너레이터는 2015년 구글이 개발한 디지털 이미지 생성 프로그램으로 기존의 사진이나 그림에 유명 화가 풍을 합성하여 재해석한 새로운 이미지를 만들어 줍니다. 즉, 딥 드림 제너레이터는 사진의 화풍을 바꿔 주는 인공지능 프로그램입니다. 다른 사진 스타일을 바꿔 주는 사진 편집 앱들과의 차별점은 기존 편집 앱처럼 미리 정해진 스타일 중 하나로 바꿔 주는 것이 아니라, 다른 그림에 적용된 질감이나 화풍을 추출해서 원하는 그림에 적용한다는 것입니다.

포스터 모더니즘의 대표적 기법인 '패스티시(Pastiche)'는 패러디와 달리 비판하거나 풍자하려는 의도 없이 기존 작품을 무작위적으로 모방하는 것을 말합니다. 딥 드림 제너레이터는 AI 패스티시 기술을 개발한 셈입니다.

이렇게 수업하세요!

AI의 패스티시(작품모방)는 새로운 예술 영역을 구축했다는 평가도 있지만, 예술가들의 입지를 약화한다는 비판도 있습니다. 앞으로는 인간과 인공지능이 공존하는 시대가 될 것입니다. 수업을 진행하면서 이 주제에 관해서 토론해 보거나, 화가의 화풍을 조사하고 발표하는 시간을 갖는 것도 좋습니다.

Step 02 `、` 오토드로우의 기본 사용법

 오토드로우 실행하기

1 크롬 브라우저에서 '오토드로우'를 검색한 후 검색 목록 중 'AutoDraw'를 클릭하여 접속합니다. 번역 창이 나타나면 [한국어]로 설정하고 [그리기 시작] 버튼을 클릭합니다.

URL **오토드로우** https://autodraw.com

💡 처음 오토드로우에 접속했을 때만 나타나는 화면이고, 이후에는 프로그램 화면으로 접속됩니다.

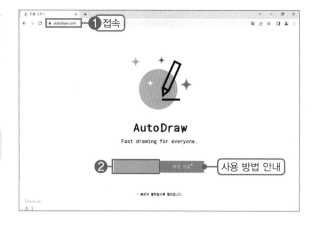

2 그림판과 비슷한 모양의 그림을 그릴 수 있는 프로그램 화면이 나타납니다.

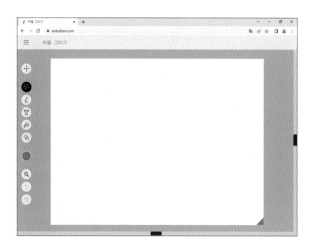

🤖 오토드로우 메뉴 살펴보기

오토드로우의 화면 구성, 메뉴, 설정 방법, 기본 사용법을 살펴봅니다.

오토드로우 화면 구성

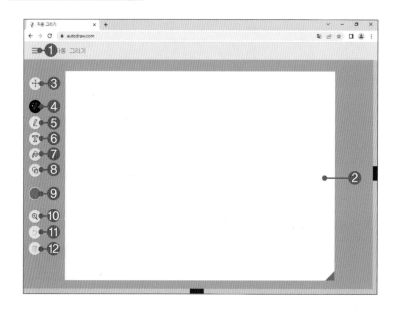

❶ 설정: 캔버스 모양을 설정하거나 이미지 파일로 저장하는 메뉴 등이 있습니다.

❷ 캔버스: 그림을 그리는 곳입니다.

❸ 선택(Select): 도형이나 그림을 선택할 수 있습니다.

❹ 자동그리기(AutoDraw): 사용자가 그린 그림을 분석하여 비슷한 그림을 추천해 줍니다.

❺ 그리다(Draw): 그림을 그릴 때 사용하는 펜 도구입니다.

❻ 유형(Type): 글씨를 입력할 수 있습니다.

❼ 채우다(Fill): 안쪽 면에 색을 칠할 수 있습니다.

❽ 모양(Shape): 도형을 그릴 수 있습니다.

❾ 색상: 선이나 채우기 색을 선택할 수 있으나 색상이 다양하지 않습니다.

❿ 줌(Zoom): 확대할 수 있습니다.

⓫ 실행취소(Undo): 사용자가 수행한 활동을 한 단계씩 삭제합니다.

⓬ 삭제(Delete): 선택 메뉴를 이용해 클릭한 후 삭제합니다.

설정 메뉴

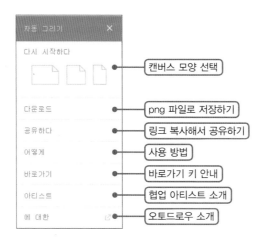

- 캔버스 모양 선택
- png 파일로 저장하기
- 링크 복사해서 공유하기
- 사용 방법
- 바로가기 키 안내
- 협업 아티스트 소개
- 오토드로우 소개

TIP **바로가기키**

실행취소	Ctrl + Z	선택	V
되돌리기	Shift + Ctrl + Z	자동그리기	A
자르기	Ctrl + X	그리다	D
복사	Ctrl + C	유형	T
붙여넣기	Ctrl + V	직사각형	M
이동하기	↑ ← →	원	L
뒤로 보내기	↓	삼각형	P
앞으로 가져오기	↑	채우다	F
복제	Alt + 드래그	줌	+

자동그리기

왼쪽 메뉴에서 [자동그리기]를 선택하고 그림을 그리면 상단에 비슷한 그림을 추천해 줍니다. 원하는 그림을 선택하면 바로 적용됩니다.

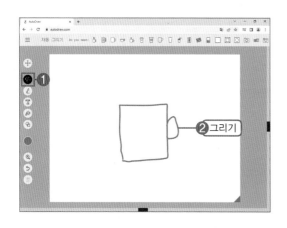

도형 그리기

왼쪽 메뉴에서 [모양 ⊙]을 선택한 후 상단에서 원, 사각형, 삼각형을 각각 선택하여 도형을 그릴 수 있습니다.

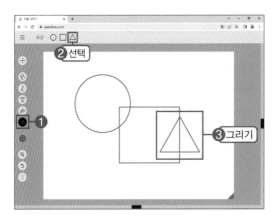

색 채우기

색상을 선택하기 위해 왼쪽 메뉴에서 [색상 ⚫]을 클릭한 후 원하는 색상을 선택하고 [채우다 ⊘]를 선택합니다. 그린 도형 위에서 클릭하면 선택한 색상으로 채워집니다.

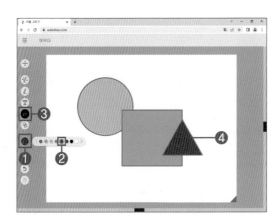

Step 03 ﹀ 오토드로우로 영어 플래시 카드 만들기

자동 완성으로 기린 그리기

1 오토드로우 화면 왼쪽의 메뉴에서 [자동그리기 ✎]를 선택하고 캔버스에서 마우스를 드래그하여 그림을 그립니다.

> **TIP** **오토드로우에서 그림 지우기**
> 오토드로우에는 지우개 기능이 없어 [실행취소 ⑤] 버튼을 클릭하여 실행 취소를 해야 합니다. 바로가기키는 실행 취소는 Ctrl + Z, 되돌릴 때는 Shift + Ctrl + Z를 눌러 그림을 고쳐가면서 그립니다.

2 인공지능이 그린 그림을 인식하여 상단에 아이콘 형태로 그림을 추천해 주면 그중 하나를 선택합니다. 멋진 기린 그림이 선택되었습니다.

크기 조절과 회전

화면 왼쪽의 메뉴에서 [선택 ⊡]를 선택한 후 캔버스의 그림을 선택하면 그림 주변에 크기 조절점과 회전 핸들이 나타납니다. 크기 조절점을 드래그하여 크기를 조절하거나 회전 핸들을 드래그하여 회전할 수 있습니다.

3 메뉴에서 [색상 ●]을 선택한 후 원하는 색상을 클릭합니다. 여기서는 검은색을 선택했습니다.

4 메뉴에서 [채우다 ◉]를 선택하고 기린의 선 부분을 클릭하면 선만 검은색으로 바뀝니다.

5 같은 방법으로 노란색을 선택해 기린의 면 부분을 클릭하고, 무늬는 고동색으로 채웁니다.

도형 그리고 순서 변경하기

1 메뉴에서 [색상 ●]을 검은색으로 설정하고 [모양 ◉]을 선택한 다음 상단에서 원을 클릭하여 기린 얼굴 부분에서 드래그하여 눈을 그립니다.

2 메뉴에서 [채우다 ]를 선택하고 **1**에서
그린 원 위에서 클릭하여 검은색으로 채웁
니다.

3 [자동그리기]를 사용해서 나무를 그리고 그
림처럼 색상을 채웁니다.

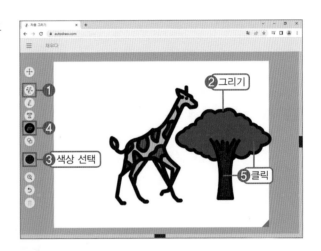

4 메뉴에서 [선택 ⊕]을 선택한 후 Shift 키를
누르고 기린과 기린 눈을 한꺼번에 선택합
니다.

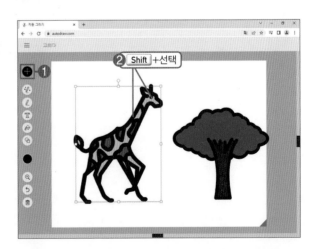

5 기린과 기린 눈을 한꺼번에 선택한 상태에 서 크기 조절점을 조절해 기린의 크기를 좀 더 크게 조정합니다.

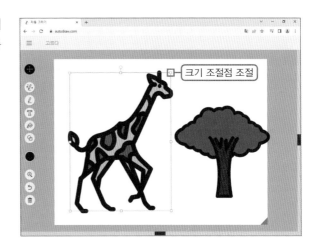

6 나무를 선택하고 드래그하여 기린 위로 이 동시킵니다. 나무를 기린 뒤로 보내기 위해 ⬇키를 누릅니다.

💡 다시 나무를 앞으로 가져오려면 ⬆를 누릅니다.

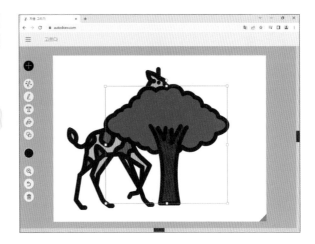

7 나무가 기린 뒤로 이동하였습니다.

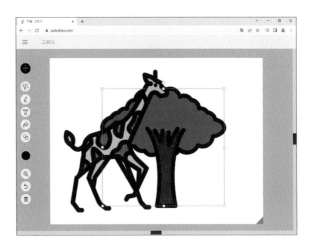

텍스트 입력하기

1 메뉴에서 [유형 ⊤]을 선택한 후 캔버스를 클릭하면 텍스트를 입력할 수 있습니다. 영어 플래시 카드를 만들기 위해 'Giraffe'라고 입력하고 상단의 유형에서 원하는 글꼴과 글꼴 크기를 설정합니다.

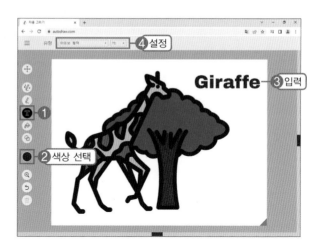

2 배경색을 설정하고 **1**과 같은 방법으로 소개하는 문장을 추가합니다. 색상은 흰색으로 하고, 글꼴과 글꼴 크기도 변경합니다.

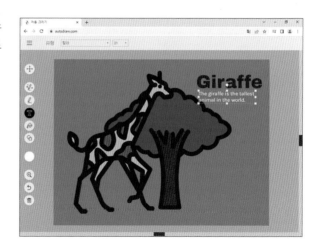

이렇게 수업하세요!

오토드로우는 미술 수업 외에 다른 과목에도 활용할 수 있습니다. 그림을 활용한 발표 자료를 만들고 다른 사람과 공유할 수 있습니다. 영어 단어뿐 아니라 각자 작성한 예문을 소개해 볼 수 있고, 발표 자료로 만들 수도 있습니다.

3 메뉴에서 [설정 ≡]을 클릭하고 [공유하다]를 클릭합니다.

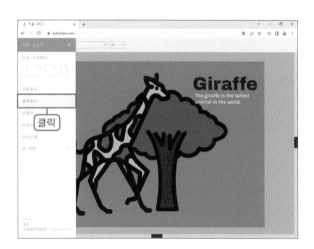

TIP

이미지 저장하기

[설정] – [다운로드]를 클릭하면 작품을 png 파일로 다운로드할 수 있습니다. 만약 설정 메뉴가 실행되지 않을 때는 번역을 원문으로 다시 설정한 후에 메뉴를 실행하면 [Download] 메뉴를 사용하여 저장합니다.

4 [Copy Link] 버튼을 클릭하여 공유 링크를 복사할 수 있습니다. 복사한 링크 주소를 메신저나 메일로 다른 사람과 공유할 수 있습니다.

스마트폰이나 태블릿에서도 PC와 마찬가지로 오토드로우의 자동그리기 기능을 사용할 수 있습니다. 웹 브라우저 앱에서 AutoDraw(https://autodraw.com)에 접속합니다.

❶ 오토드로우에 접속하면 번역 창에서 [한국어]로 설정한 후 [그리기 시작] 버튼을 클릭합니다. 자동그리기로 설정되어 있으므로 그림을 그립니다.

❷ 상단에 추천 그림이 아이콘 형태로 나타나면 원하는 그림을 선택합니다. PC 프로그램과 마찬가지로 오른쪽 하단에서 색상을 선택하고, 왼쪽 하단의 도구로 색상을 채워 그림을 완성합니다.

04 ╲ 딥러닝으로 예술작품 만들기

딥 드림 제너레이터 회원 가입하기

1 딥 드림 제너레이터에 접속한 후 번역 창에서 [한국어]로 설정합니다. 딥 드림 제너레이터 사이트에 관한 내용을 읽어본 후 스크롤 바를 내려서 [시작하기] 버튼을 클릭합니다.

URL 딥 드림 제너레이터
https://deepdreamgenerator.com

2 회원가입을 해야 프로그램을 사용할 수 있습니다. 이름, 이메일, 비밀번호, 비밀번호 확인을 입력하여 회원가입을 합니다. 가입할 때 입력한 이메일에서 확인해야 이미지를 생성할 수 있다는 안내 메시지가 나타납니다.

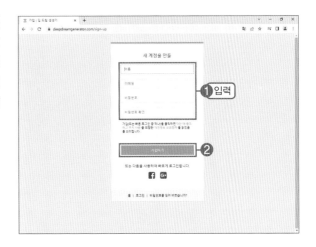

3 가입 이메일로 이동하여 확인 메일에서 [Confirm Email] 버튼을 클릭합니다.

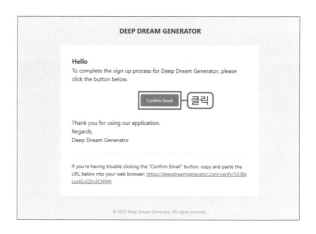

예술작품 만들기

1 다시 딥 드림 제너레이터 사이트로 이동해서 Ai 예술작품을 만들기 위해 상단의 [Generate] 버튼을 클릭합니다.

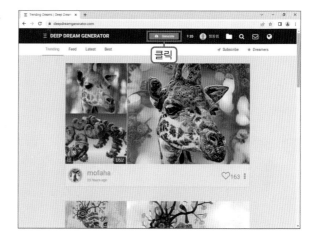

2 [Deep Style]에서 이미지를 추가하기 위해 [1. Choose base Image] 버튼을 클릭합니다.

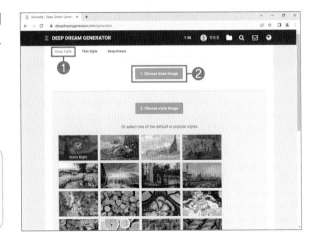

TIP **3가지 기능 중 선택**
• Deep style: 그림 이미지 변경
• Thin style: 스타일 변경
• Deep Dream: 꿈처럼 새로운 이미지 생성

3 Files 창에서 [Upload files] 버튼을 클릭하여 변형할 사진을 불러옵니다.

4 [2. Choose style Image]에서 원하는 스타일을 선택합니다. 유명 화가 풍도 많이 있습니다. 여기서는 반 고흐(Van Gogh) 스타일을 선택했습니다.

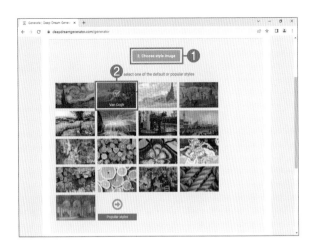

5 사용자의 사진과 유명 화가 화풍을 합성하기 위해 하단의 [3. Generate] 버튼을 클릭합니다.

6 이미지가 합성되어 새로운 이미지가 만들어지는 동안 잠시 기다립니다. 반 고흐 풍의 이미지가 만들어졌습니다.

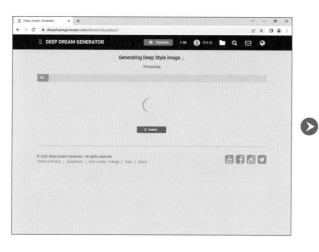

7 같은 방법으로 화가 카날레토의 스타일을 적용하여 이미지를 만들어 봅니다. 적용한 화가 스타일에 따라 다른 작품이 되는 것을 확인할 수 있습니다.

TIP 이미지를 생성할 때마다 무료로 지원되었던 포인트가 5씩 감소합니다. 포인트가 소진되면 유료로 사용해야 합니다.

 이렇게 수업하세요!

같은 사진이지만 화풍에 따라 다르게 그려진 것처럼 보입니다. 화가에 따라 어떤 기법을 사용했는지 이야기해 보고 각자 합성한 이미지를 발표해 볼 수 있습니다.

1. 머신러닝과 딥러닝의 차이점

머신러닝은 판단을 위한 특징 정보를 알고리즘 형태로 제공해 주어야 문제를 풀지만, 딥러닝은 스스로 특징까지 추출해 내어 문제를 풀게 됩니다.

2. 오토드로우(AutoDraw)

딥러닝 기반의 인공지능 그리기 프로그램으로 낙서하듯 그림을 그리면 인공지능이 인식하여 빅데이터에 있는 작품 중에서 비슷한 그림들을 추천해 줍니다.

URL https://autodraw.com

3. 오토드로우 화면 구성

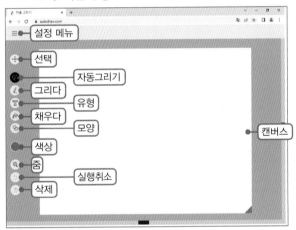

4. 딥 드림 제너레이터(Deep Dream Generator)

사진을 불러온 후 유명 화가의 화풍을 선택하면 합성하여 새로운 이미지를 만드는 인공지능 프로그램입니다. 합성된 이미지에는 선택한 화가의 화풍이나 질감이 적용되어 있습니다. 회원가입을 해야 사용할 수 있습니다.

URL https://deepdreamgenerator.com

5.

딥 드림 제너레이터에서는 Deep style(그림 이미지 변경), Thin style(스타일 변경), Deep Dream(꿈처럼 새로운 이미지 생성)이라는 3가지 기능을 제공합니다.

Quiz

1. 인공지능 기술 중 소, 돼지에 대한 정보를 주지 않아도 특성만으로 소, 돼지를 분류해 낼 수 있는 기술은 무엇일까요?

   ① 인공지능　　　　　　　　　② 머신러닝
   ③ 딥러닝　　　　　　　　　　④ 빅데이터

2. 구글에서 만든 프로그램으로 낙서하듯이 그림을 그리면 인공지능이 그림을 인식하여 비슷한 그림을 추천해 주어 누구나 쉽게 그림을 그릴 수 있는 프로그램은 무엇일까요?

   ① 퀵드로우　　　　　　　　　② 오토드로우
   ③ 딥 드림 제너레이터　　　　　④ 구글 아트 앤 컬처

3. 오토드로우에서 다음처럼 크리스마스 카드를 만들어본 후 공유 링크를 만들어 보세요.

4. 딥 드림 제너레이터에서 '고양이.jpg' 그림을 'Deep style'에서 'Steel Wool' 스타일로 새롭게 만들어 보세요.

04

세미컨덕터 오케스트라와 쉐도우아트

구글의 AI experiments(실험실) 중 '세미컨덕터'와 '쉐도우아트'는 웹캠만 있으면 사용자의 신체를 인식해 실시간으로 감지된 사람의 포즈를 추정하여 머신러닝 모델과 매핑해 줍니다. 그러면 사람의 동작을 통해 오케스트라를 연주할 수도 있고, 쉐도우아트에서는 AI의 도움을 받아 손으로 그림자 동물을 만들어 볼 수도 있습니다.

학습목표
- 세미컨덕터에서 지휘를 통해 사람의 동작 인식 원리를 이해합니다.
- 세미컨덕터에서 팔 동작으로 템포, 볼륨, 악기군을 선택하여 연주할 수 있습니다.
- 쉐도우아트에서 손으로 만든 그림자 인형을 머신러닝 모델과 매칭하는 원리를 이해합니다.

미리보기

◀ 세미컨덕터

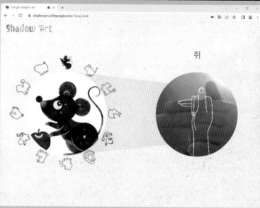

◀ 쉐도우아트

내 동작을 감지하는 인공지능

포즈넷(PoseNet)

▲ 포즈넷은 브라우저 내에서 단일 포즈 또는 다중 포즈 알고리즘을 사용하여 이미지와 비디오에서 사람을 감지 (출처 :텐서플로 블로그)

포즈넷은 실시간으로 감지된 사람의 포즈를 추정하는 머신러닝 모델입니다. 크롬 브라우저에서 작동하는 머신러닝 모델의 라이브러리인 'Tensorflow.js'를 사용하여 웹캠을 통해 움직임을 매핑합니다. 포즈넷은 단일 포즈 또는 다중 포즈를 추정하는 데 사용합니다. 즉, 이미지나 비디오에서 한 사람만 감지하는 버전도 있고, 여러 사람을 감지하는 버전도 있습니다. 이번 섹션에서 다루는 세미컨덕터는 한 사람의 동작만 감지하여 반응합니다.

세미컨덕터(Semi-conductor)

세미컨덕터는 구글의 AI Experiments(실험실) 중 하나로 크롬 브로우저를 통해 자신민의 오케스트라를 지휘할 수 있는 실험입니다.

영어 단어 conductor의 뜻은 지휘자입니다. 준지휘자라는 의미를 지닌 Semi-conductor는 지휘자가 흔히 하는 동작을 하면 악기들이 반응하여 연주하게 됩니다. 웹캠과 PC만 있으면 팔을 움직여 음악의 템포, 볼륨은 물론 악기를 변경하여 사용자가 직접 오케스트라를 지휘하는 듯한 경험을 느껴볼 수 있습니다.

포즈넷은 카메라를 통해 대상의 행동을 인식할 수 있는 인공지능 기술로 사람의 관절을 인식하여 오케스트라 연주가 가능합니다.

쉐도우아트(Shadow Art)

쉐도우아트는 구글의 AI experiments(실험실) 중 하나로 웹캠만 있으면 AI의 도움을 받아 십이지간 동물을 손으로 그림자를 표현할 수 있습니다. 제시된 동물의 그림자 형태를 손으로 표현하면 머신러닝 모델과 매칭하여 구현한 동물을 식별해 줍니다. 쉐도우아트에서는 제한시간 내에 제시된 동물을 손으로 그림자를 만들어서 표현해야 하고, 시간 내에 끝내지 못하면 실험이 중단됩니다. 12개의 동물을 모두 표현하는 것을 목적으로 하고 있습니다. 사용자가 처음에

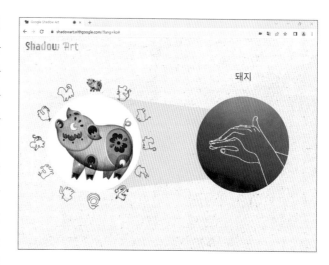

선택한 십이지간의 띠부터 시작해서 종료하게 되면 해당 띠를 갖고 있는 사람의 성격을 나타내는 좋은 글귀도 보여 줍니다. 띠별 성격을 비교해 볼 수도 있고, 두 손으로 12개의 동물을 표현할 수 있다는 것이 재미있고 흥미롭습니다.

> **TIP** 쉐도우아트(https://shadowart.withgoogle.com)는 스마트폰에서도 체험할 수 있습니다. 스마트폰을 가로로 회전한 후 전면 카메라를 사용하여 AI의 도움을 받아 손으로 그림자 인형을 만들어볼 수 있습니다.
>
>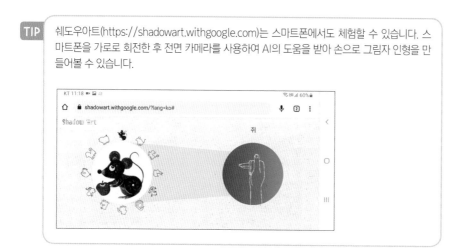

Step 02 、 세미컨덕터 오케스트라 연주하기

세미컨덕터 오케스트라 실행하기

1 크롬 브라우저에서 '세미컨덕터 오케스트라'를 검색한 후 검색 목록 중 'Semi-Conductor'를 클릭하여 접속합니다.

URL 세미컨덕터
https://semiconductor.withgoogle.com

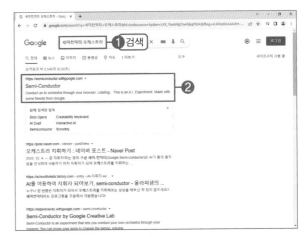

2 번역 창이 나타나면 [한국어]로 설정하고, [시작] 버튼을 클릭합니다.

3 동작에 따른 기능 설명을 읽고 [다음] 버튼을 클릭합니다. 팔을 움직여 오케스트라를 연주하고, 빨리 움직일수록 속도가 빨라집니다. 위아래로 팔을 움직여서 소리 크기를 조절할 수 있습니다. 팔을 좌우로 움직여서 악기의 섹션을 제어하여 연주할 수 있습니다. 마지막 설명을 읽은 후 [갑시다] 버튼을 클릭합니다.

4 인공지능이 사용자의 동작을 인식할 수 있도록 웹캠 권한 요청 창이 나타나면 [허용] 버튼을 클릭합니다.

💡 노트북은 웹캠이 내장되어 있지만, PC는 미리 웹캠을 장착해 두어야 합니다.

5 인공지능이 사용자의 동작을 인식할 수 있도록 준비를 마쳤습니다.

TIP 왼쪽 상단의 **?**를 클릭하면 세미컨덕터의 작동 원리를 확인할 수 있습니다. 텐서플로 블로그로 링크되어 있어서 포즈넷에 대한 자세한 정보도 찾아볼 수 있습니다.

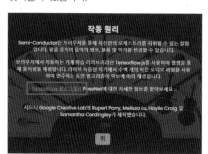

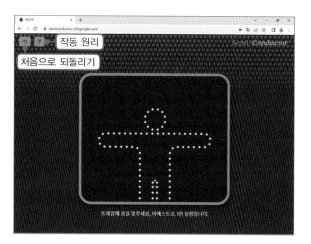

세미컨덕터 오케스트라 연주하기

1 연주를 시작하기 전에 먼저 프레임에 몸을 맞춰야 합니다. 웹캠을 통해 사용자의 모습이 나타나면 팔을 벌려 프레임에 맞춥니다.

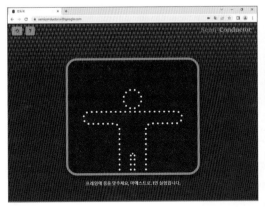 

2 인공지능이 한 사람의 동작만 감지하여 반응합니다.

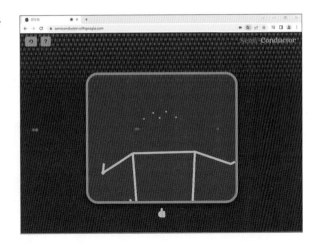

③ 연주를 시작하기 위해 3, 2, 1이라고 숫자가 카운트된 후 팔을 흔들면 연주가 시작됩니다.

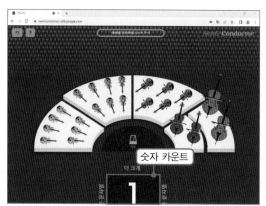 

④ 팔을 위아래로 흔들어 볼륨을 조절합니다. 아래쪽에 팔동작 모양이 보이는데, 오른쪽 팔을 높이 흔들어 오른쪽의 비올라, 첼로를 연주해 봅니다.

> 💡 왼쪽을 지휘하면 높은음의 현악기를, 오른쪽을 지휘하면 낮은음의 현악기를 연주합니다.

⑤ 왼쪽 팔을 높이 흔들어 제1바이올린, 제2바이올린을 연주합니다. 팔을 빠르게 흔들면 연주 속도를 높일 수 있습니다.

6 연주가 끝나면 '브라보!'라는 말과 함께 꽃이 떨어지고, 박수 소리가 들립니다. 다시 연주하려면 [다시 플레이] 버튼을 클릭합니다.

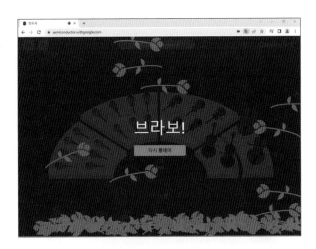

TIP 오케스트라

보통 오케스트라는 '여러 기악 연주자들의 집합체'라고 정의하며 현악기, 목관악기, 금관악기, 타악기로 구성되어 있습니다. 하지만 모든 오케스트라가 규모가 큰 것은 아니고, 현악기들로만 이루어진 현악 오케스트라도 있습니다. 세미컨덕터(Semi-conductor)는 제1바이올린, 제2바이올린, 비올라, 첼로 이렇게 4구역으로 구성되어 있고, 연주곡은 'Eine Kleine Nachtmusik' 한 곡 밖에 없어서 아쉽습니다. 앞으로 더 많은 곡이 추가되길 바랍니다.

이렇게 수업하세요!

모둠을 나눠 한 모둠은 왼팔만 움직이고, 다른 모둠은 오른팔만 움직여서 합주해 봅니다. 높은음을 내는 악기와 낮은음을 내는 악기를 자연스럽게 알 수 있고, 합주할 때는 서로 음을 잘 듣고 박자를 맞춰야 한다는 것을 배울 수 있습니다.

Step 03 ╲ 손으로 표현하는 그림자 예술

1 크롬 브라우저에서 '구글 쉐도우 아트'를 검색한 후 검색 목록 중 'Google Shadow Art'를 클릭하여 접속합니다.

URL 쉐도우아트

https://shadowart.withgoogle.com

2 쉐도우아트를 한국어로 실행하기 위해 [Play] 옆의 언어를 [Korean]으로 설정합니다. [시작하기] 버튼을 클릭해 그림자 놀이를 시작합니다.

3 본인의 띠를 설정하기 위해 띠 모양을 선택합니다. 띠를 모르는 경우는 날짜 부분을 선택합니다.

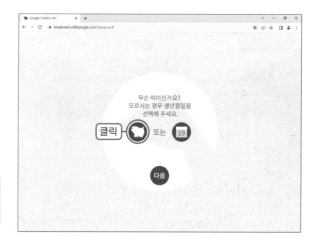

TIP 띠를 몰라서 날짜를 선택한 경우에는 본인의 생년월일을 선택하면 태어난 달에 해당하는 띠로 자동 설정됩니다.

4 본인의 띠를 선택한 후 [다음]을 클릭하고 다시 [다음]을 클릭합니다. 간단한 사용 설명을 읽어본 후 선택한 띠로 시작하려면 [시작]을 클릭합니다. 웹캠 권한 요청 창이 나타나면 [허용] 버튼을 클릭합니다.

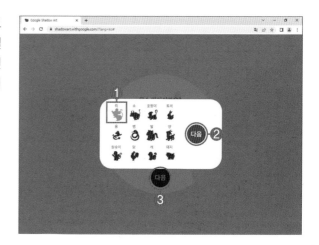

5 카메라 보정이 되는 동안 카메라가 비추는 배경을 깨끗하게 해 줍니다. 배경이 깨끗하지 않으면 AI가 제시하는 손 모양이 나타나지 않습니다.

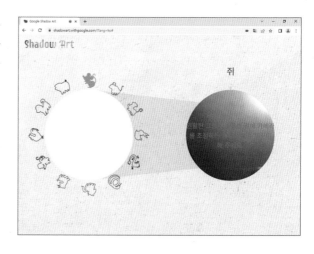

6 오른쪽 원에 손 모양이 제시되면 카메라 앞에서 손 모양을 따라 해 봅니다. 왼쪽 원에 그림자 형태가 나타납니다. 손 모양을 정확하게 표현하면 해당 띠의 동물 인형극이 나타납니다.

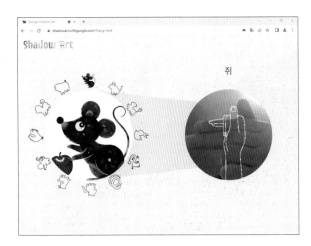

7 다음 동물이 제시되면 같은 방법으로 표현합니다. 총 12개의 동물을 제한시간 내에 표현해야 합니다.

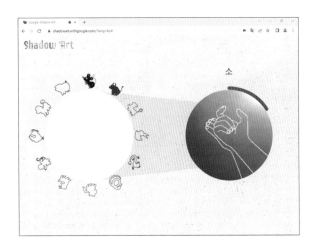

8 실험이 끝나면 완성한 동물 개수가 나타나고, 본인의 띠와 성격을 좋은 글귀로 나타내 줍니다. 오른쪽의 🔽를 클릭하여 그림을 다운로드 하여 자기 소개 등에 활용할 수 있습니다.

1. **포즈넷(PoseNet)**
   실시간으로 감지된 사람의 포즈를 추정하는 머신러닝 모델로, 머신러닝 모델의 라이브러리인 'Tensorflow.js'에서 웹캠을 통해 움직임을 매핑합니다.

2. **세미컨덕터(Semi-conductor)**
   포즈넷의 카메라를 통해 대상의 행동을 인식할 수 있는 인공지능 기술로 사람의 동작을 인식하여 오케스트라 연주가 가능합니다. 세미컨덕터 오케스트라에서는 웹캠을 통해 팔의 움직임으로 음악의 템포, 볼륨 및 악기군을 변경하여 지휘자처럼 오케스트라 연주를 경험해 볼 수 있습니다.
   URL https://semiconductor.withgoogle.com

3. **세미컨덕터의 특징**
   - 카메라가 필요합니다.
   - 연주하는 속도, 소리의 크기, 악기군을 조절할 수 있습니다.

4. **쉐도우아트(Shadow Art)**
   십이지간 동물을 AI 도움을 받아서 손 그림자로 표현해 보는 프로그램으로 사용자가 선택한 띠별 성격도 알 수 있습니다.
   URL https://shadowart.withgoogle.com

5. **쉐도우아트의 특징**
   - 카메라가 필요합니다.
   - 카메라 보정을 위해 배경을 깨끗하게 한 후 실험을 시작해야 합니다.
   - AI가 제시하는 손 모양을 제한시간 내에 정확히 표현하면 해당 띠 동물 인형극이 나타납니다.

Quiz

1. 세미컨덕터에서 팔 동작을 위아래로 움직이면 무엇을 조절할 수 있을까요?
   ① 템포   ② 볼륨
   ③ 악기군   ④ 일시정지

2. 구글 쉐도우아트에서 그림자를 표현할 수 있는 신체 부위는 무엇일까요?
   ① 손   ② 눈
   ③ 코   ④ 발

3. 세미컨덕터 오케스트라에서 오른쪽 악기군만으로 처음
   부터 끝까지 연주해 보세요.

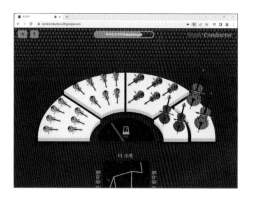

4. 구글 쉐도우아트에서 언어를 'English'로 설정하고 띠를 닭으로 설정하여 실험을 시작하세요. 마지막에
   닭에 대한 영어로 된 성격 카드가 나타나면 다운로드해 보세요.

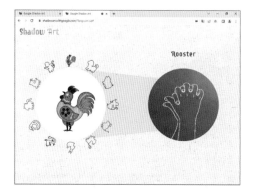

05

크롬 뮤직랩 1

크롬 뮤직랩 사이트에서는 구글에서 만든 인공지능 기반의 14개의 프로그램을 제공합니다. 음악 수업에 활용할 수 있으며, 아이들은 쉽고 재밌게 음악 놀이를 즐길 수 있습니다. 크롬 뮤직랩에서 즐길 수 있는 음악 활동 중 '칸딘스키'에서 낙서하듯이 그린 그림으로 음악을 표현해 보겠습니다. '송메이커'에서는 음을 찍어서 직접 음악을 만들고, 음높이, 리듬, 빠르기, 음색 등을 다양하게 변경하여 나만의 멋진 곡을 만드는 방법을 경험해 보겠습니다.

학습목표
- 인공지능 기반의 음악 프로그램인 크롬 뮤직랩으로 흥미로운 음악 놀이를 할 수 있습니다.
- 칸딘스키를 활용하여 그린 그림을 통해 악보를 이해하고, 각기 다른 음색으로 연주할 수 있습니다.
- 송메이커를 활용하여 연주곡을 편곡하고 내 목소리로 작곡할 수 있습니다.

실습 예제
- 결과파일: 도레미파솔.mp4, 작곡.mp4, song—maker.mid
- 편곡: https://musiclab.chromeexperiments.com/Song-Maker/song/6007280109879296
- 작곡: https://musiclab.chromeexperiments.com/Song-Maker/song/4511460206313472

미리보기

▲ 칸딘스키

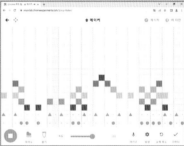

▲ 송메이커

크롬 뮤직랩

크롬 뮤직랩

휴대전화, 태블릿, 노트북, PC 등 모든 기기에서 크롬 뮤직랩에 접속하면 흥미로운 음악 놀이를 할 수 있습니다. 전용 앱이나 로그인 없이 사이트에 접속하기만 하면 누구나 사용할 수 있어 편리합니다. 현재 14개의 인공지능 기반 음악 프로그램이 제공되는데, 앞으로 더 다양한 음악 프로그램이 개발될 수도 있습니다.

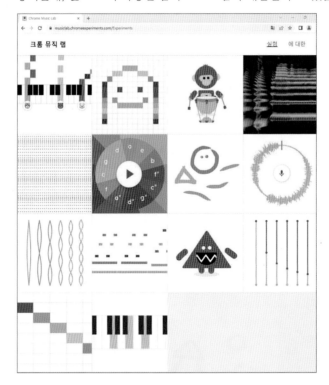

쉐어드피아노 Shared Piano

웹에서 라이브로 여러 사람이 함께 연주할 수 있어 원격 음악 교육 및 협주를 할 수 있습니다.

송메이커 Song Maker

그리드를 직접 찍어서 음악을 만들 수 있습니다. 만든 멜로디를 저장하고 공유할 수 있습니다.

리듬 Rhythm

리듬은 시간에 따른 소리의 패턴입니다. 타악기를 활용하여 비트감 있는 리듬을 만들 수 있습니다.

스펙트로그램 Spactrogram

스펙트로그램은 소리의 그림으로, 다양한 악기 소리를 스펙트럼 그래프로 보여 줍니다.

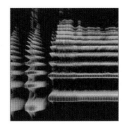

사운드웨이브 Sound Waves

파란색 점의 움직임으로 소리를 표현합니다. 돋보기로 확대하면 빨간색 선의 파동으로도 소리의 움직임을 볼 수 있습니다.

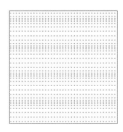

아르페지오 Arpeggios

화음의 각 음을 동시에 연주하는 것이 아니라 한 번에 한 음씩 연주하는 방법을
다양하게 보여 줍니다.

칸딘스키 Kandinsky

서양 추상미술의 대가인 칸딘스키에게서 영감을 받아서 만들었다고 합니다. 선,
원, 삼각형, 낙서 등 내가 그리는 모든 것을 소리로 바꿔 표현해 줍니다.

보이스 스피너 Voice Spinner

일반 레코드플레이어처럼 느리게, 빠르게, 앞으로, 뒤로 스피너를 돌려 소리에 어
떤 영향을 미치는지 들어볼 수 있습니다. 목소리를 녹음하고, 속도 조절 기능을
사용하여 소리의 높낮이를 조절할 수 있습니다.

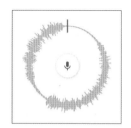

하모니 Harmonics

5개의 현을 건드려서 화음을 체험할 수 있습니다.

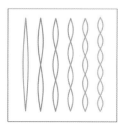

피아노 롤 Piano Roll

저장된 음계가 이동하면서 피아노 등을 연주합니다.

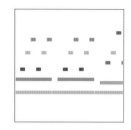

오실레이터 Oscillators

발진기 역할을 하는 캐릭터들이 나타나는데, 터치하는 곳에 따라 캐릭터들이 다른 진동음을 내서 재미있게 체험할 수 있습니다.

스트링 Strings

하프처럼 5개의 현이 나타나는데, 현을 터치하면 소리가 납니다. 현의 길이와 피치 사이의 자연스러운 수학적 관계를 탐색할 수 있습니다.

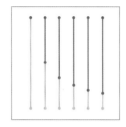

멜로디 메이커 Melody Maker

송메이커는 한 박자에 여러 음을 넣어서 화음을 만들 수 있고, 멜로디 메이커는 한 박자에 한 음만 넣을 수 있습니다. 하지만, 멜로디 메이커는 속도 조절을 할 수 있고, 내가 만든 멜로디에 보충하는 음들을 자동으로 추가하여 연주할 수 있습니다.

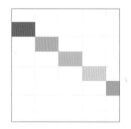

코드 Chords

기본 코드는 3개의 음표로 구성되어 있습니다. 피아노의 음을 터치하면 해당 음을 맞는 코드를 찾아 연주합니다.

Step 02 칸딘스키로 음악 만들어 연주하기

칸딘스키 시작하기

1 크롬 브라우저에서 '뮤직랩'을 검색한 후 검색 목록에서 'Chrome Music Lab'을 클릭합니다. 회원가입이나 로그인 없이 크롬 뮤직랩에 접속하여 다양한 음악 활동을 경험할 수 있습니다.

URL 크롬 뮤직랩
https://musiclab.chromeexperiments.com

2 크롬 뮤직랩에 접속하여 번역 창이 표시되면 [한국어]를 선택합니다. 14개의 프로그램 중 '칸딘스키'를 클릭합니다.

TIP **칸딘스키**

바실리 칸딘스키(Wassily Kandinsky)는 20세기 초 활동한 러시아 추상 화가로 선명한 색채를 활용해 '음악적' 느낌이 나는 추상화를 그린 것으로 유명합니다. 아마도 칸딘스키는 음악을 들을 때 색과 모양 등 시각적 감각을 함께 느꼈을 것으로 추측됩니다. 구글에서는 인공지능(AI)을 활용하여 칸딘스키가 그림을 그릴 때 들었던 소리를 시각적으로 재현했습니다.

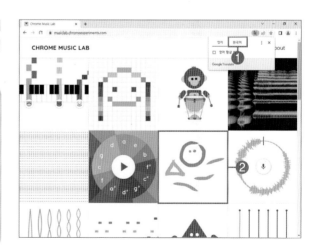

3 그림을 그릴 수 있는 캔버스 같은 칸딘스키 프로그램이 나타납니다.

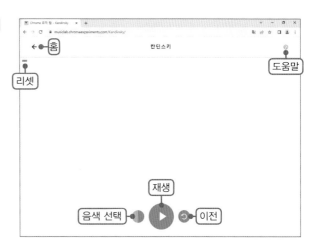

🤖 그림 놀이로 자연스럽게 음악 배우기

1 화면의 왼쪽 아래부터 선을 그립니다. 선을 그을 때 소리가 납니다. 일정한 간격으로 계단처럼 오른쪽 위로 선을 그려 넣으면 위쪽으로 갈수록 높은음이 나는 것을 자연스럽게 알 수 있습니다. ⓞ를 클릭하면 왼쪽부터 오른쪽으로 도형이 차례대로 움직이며 소리가 나옵니다. 악보는 왼쪽부터 오른쪽으로 읽는다는 것을 배울 수 있습니다.

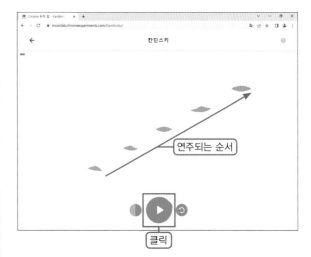

TIP 그림을 그리면서 음의 높고 낮음을 자연스럽게 배울 수 있습니다. 만약 내가 그린 그림이 '도, 레, 미, 파, 솔'로 그려졌다면, 계이름에 맞게 각각의 선을 터치하여 곡을 연주할 수도 있습니다. 일정 획수(25획) 이상으로 그림을 그리면 앞에서 그린 것부터 하나씩 지워지므로, 본인의 의도대로 그림을 그리려면 25획 안에 그림을 완성해야 합니다.

③ ●를 클릭하면 3가지 색 중 하나를 선택할 수 있습니다. 색상에 따라 음색이 다르게 연주됩니다.

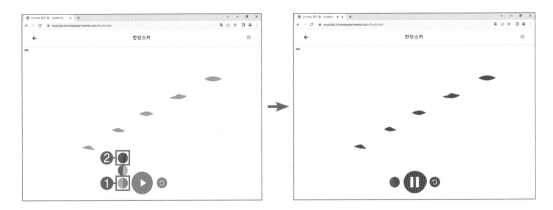

④ 선 위에 동그라미를 그려봅니다. 모양에 따라 다른 악기 소리를 내는 것을 알 수 있습니다. 점, 선, 면, 모양에 따라 다른 소리가 나며, 그림처럼 모양을 겹쳐서 그리면 두 소리가 겹쳐져 화음을 만들어 냅니다. ●를 클릭하여 들어봅니다.

💡 선을 그리면 '삐' 소리, 삼각형은 드럼 소리, 동그라미를 그리면 눈 모양이 나타나면서 '와~' 하는 사람 목소리와 같은 소리를 냅니다.

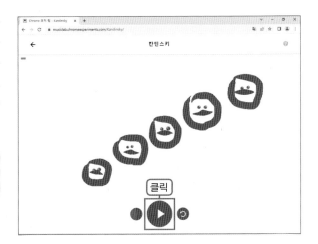

📚 **이렇게 수업하세요!**

좋아하거나 싫어하는 동물, 좋아하는 과일 등 주제를 정해 학생들에게 그림을 그리게 합니다. 작곡한 그림이 주제에 적절하게 맞는지, 느낌은 어떤지, 그림과 어울리는 음색은 무엇인지 등을 발표하는 활동을 할 수 있습니다.

크롬 뮤직랩에서 제공하는 프로그램들은 대부분 공유 기능이 있지만, 칸딘스키에서 그린 그림은 공유 기능이 없어 다른 사람과 공유하기 어렵습니다. 만든 작품을 녹화하여 다른 사람과 공유하고 싶을 때는 윈도우에서 기본으로 제공하는 화면 녹화 프로그램을 사용합니다.

❶ 바로가기키 ▉ + Alt + R 키를 눌러 녹화를 시작하고, 다시 ▉ + Alt + R 키를 눌러 녹화를 중지합니다.

❷ 녹화가 끝나면 ▉ + G 키를 눌러 녹화한 작품을 확인합니다.

❸ 녹화된 영상은 '내 PC〉 동영상〉 캡처' 폴더 안에 자동 저장됩니다. 경로로 이동하여 영상을 확인할 수 있습니다.

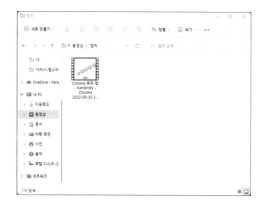

Step 03 \ 송메이커로 나만의 멜로디와 리듬 만들기

송메이커 시작하기

1 크롬 뮤직랩 사이트에서 '송메이커'를 클릭
합니다.

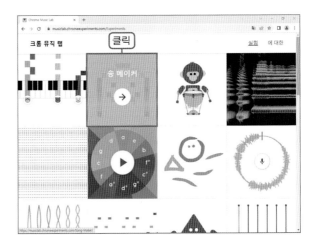

2 직접 음 하나하나를 찍어서 자신만의 음악
을 만들 수 있는 송메이커 프로그램이 열립
니다.

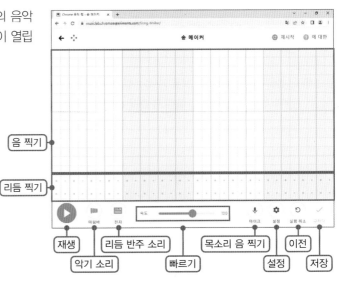

🤖 노래 편곡하기

1 노래를 만들기 전에 먼저 오른쪽 하단의 [설정]을 클릭합니다.

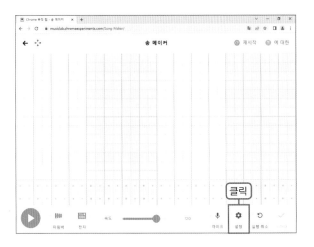

2 악보를 설정할 수 있는 화면이 나타납니다. 몇 분의 몇 박자로 할지, 장조/단조, 옥타브 등을 설정할 수 있습니다. 만들고 싶은 노래에 맞게 설정하고 ✅를 클릭합니다.

TIP 4분의 4박자의 곡을 만들려면 전체 마디는 4, 박자는 4로 하고, 비트 나누기는 2로 설정하면 한 박자를 2비트까지 나누었다는 의미입니다. 음계는 온음계, 조성은 C장조의 경우 다장조를 말하며, 옥타브는 2옥타브로 설정한 곡입니다. 만들려는 곡에 따라 설정할 수 있으며, 현재는 다장조에 4분의 4박자, 온음계 곡입니다.

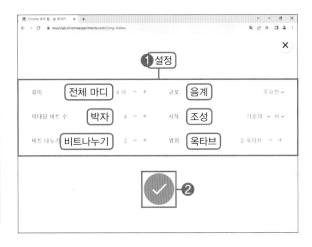

 이렇게 수업하세요!

송메이커에서는 음악의 3요소인 가락, 리듬, 화성을 모두 표현할 수 있습니다. 상단의 격자무늬 안의 음을 하나하나 찍어서 가락(멜로디)을 만들 수 있고, 하단의 파란색 동그라미와 세모는 리듬을 만들고, 빠르기, 음색 등을 조절하여 작곡이나 편곡을 할 수 있습니다. 송메이커에서는 음을 찍을 때 위아래 3도로 화음을 만들 수 있어 장조나 단조, 화성을 가르칠 때 활용할 수 있습니다.

3 편곡하려는 악보를 보고, 그대로 격자무늬에 음을 찍어 봅니다.

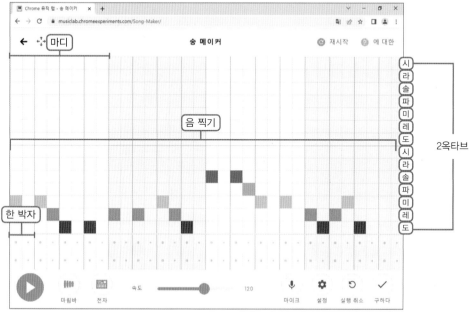

4 곡이 좀 더 풍성해지도록 음 위에 칸을 띄워 음을 찍어 화음을 만듭니다. ▶를 클릭하여 곡을 들어봅니다.

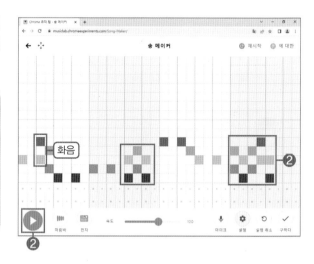

> **TIP 화음**
>
> 화음이란 높이가 다른 2개 이상의 음이 같이 울리는 소리를 말합니다. 3화음이란 높이가 다른 3개의 음이 같이 울리는 소리입니다. 다장조의 수요 3화음은 도미솔, 파라도, 솔시레입니다. 수업할 때 화음을 쉽게 이해할 수 있으며, 화음에 따라서 곡이 달라질 수 있어 직접 음을 찍어서 각기 다른 곡을 만들 수 있습니다.

5 새로운 음도 추가해 보고, 아래쪽의 파란색 동그라미와 세모를 찍어서 비트를 만들어 봅니다. ●를 클릭하여 다시 곡을 들어봅니다.

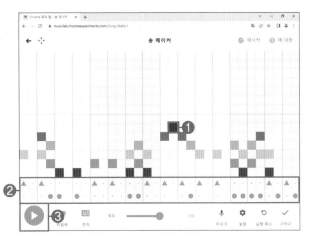

6 아래쪽의 악기 소리와 리듬 반주 소리를 변경하여 내가 만든 곡에 어울리는 악기 소리도 찾아봅니다. ●를 클릭하여 들어 본 후 마음에 들면 [구하다]를 클릭하여 곡을 저장합니다.

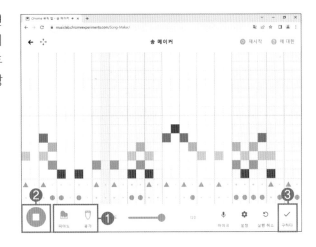

7 노래가 저장되면서 다른 사람과 공유할 수 있는 URL이 표시됩니다. [링크 복사]를 클릭하여 URL을 다른 사람과 공유하거나 [미디 다운로드]나 [웨이브 다운로드]를 클릭하여 파일로 저장할 수도 있습니다.

🤖 목소리로 작곡하기

1 오른쪽 상단의 [재시작]을 클릭한 후 목소리로 작곡을 하기 위해 [마이크]를 클릭합니다. 마이크 사용 창이 뜨면 [허용] 버튼을 클릭합니다.

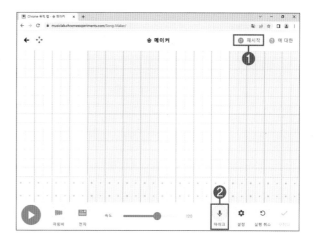

2 빨간색의 마이크 모양이 격자무늬 위에 나타납니다. 작곡하고 싶은 음의 소리를 목소리로 냅니다. 그러면 마이크 위치가 자동으로 음 위치로 이동하고, 숨을 쉬면 음이 찍힙니다.

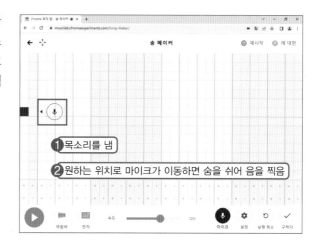

3 같은 방법으로 목소리의 음을 모두 찍어서 곡을 완성한 후 [구하기]를 클릭해 저장합니다.

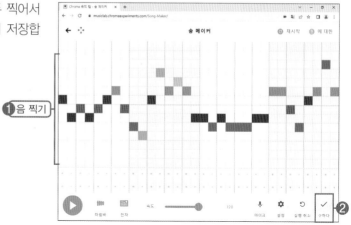

4 노래가 링크에 저장되었다는 페이지에서 [미디 다운로드]를 클릭합니다. 왼쪽 하단에 미디파일이 다운로드됩니다. 다운된 미디파일을 클릭합니다.

5 미디파일과 연결된 플레이어가 실행되면서 작곡한 곡이 자동으로 연주됩니다.

1. **크롬 뮤직랩**

   별도의 회원가입 없이 스마트 기기나 인터넷만 있으면 아이들과 재미있는 음악 활동을 할 수 있는 웹 사이트입니다.

   URL https://musiclab.chromeexperiments.com

2. **크롬 뮤직랩에서 제공하는 프로그램 14가지**

   - 쉐어드피아노(Shared Piano): 피아노 건반을 눌러 연주할 수 있고, 동시에 여러 명이 즐길 수 있습니다.
   - 송메이커(Song Maker): 격자무늬를 찍어서 작곡하고 공유할 수 있습니다.
   - 리듬(Rhythm): 여러 가지 리듬악기를 체험할 수 있습니다.
   - 스펙트로그램(Spactrogram): 음악의 음파를 눈으로 볼 수 있습니다.
   - 사운드웨이브(Sound Waves): 피아노 건반을 누르면 점이 춤을 추고, 확대하면 선으로 표현된 가락의 이동을 볼 수 있습니다.
   - 아르페지오(Arpeggios): 코드별 화음을 들을 수 있습니다.
   - 칸딘스키(Kandinsky): 그림을 그려서 음악으로 표현합니다.
   - 보이스 스피너(Voice Spinner): 녹음 후 회전시켜서 목소리를 변조합니다.
   - 하모니(Harmonics): 주파수를 직관적으로 표현합니다.
   - 피아노 롤(Piano Roll): 오르골처럼 연주를 눈으로 관찰합니다.
   - 오실레이터(Oscillators): 발진기 역할을 하는 캐릭터를 터치하여 진동음을 관찰합니다.
   - 스트링(Strings): 줄의 길이, 음높이의 수학적 상관관계를 눈으로 확인합니다.
   - 멜로디 메이커(Melody Maker): 한 박자에 다양한 음을 만들 수 있는 일빈적인 멜로디 메이키입니다.
   - 코드(Chords): 메이저, 마이너 음계를 표시합니다.

3. **칸딘스키에서 그림 연주하기**

   그림을 그려 음악을 만들어 연주할 수 있습니다. 25획 이상 그리면 처음 그린 획 부분부터 순차적으로 지워지므로 어떤 그림을 그릴지 생각한 후에 계획대로 그림을 그립니다.

4. **송메이커로 작곡하기**

   송메이커에서는 작곡할 곡의 장조, 음계, 박자 등에 맞게 설정한 후 격자무늬에 직접 음을 찍어서 작곡할 수 있습니다. 작곡한 곡의 악기나 속도를 조절하여 다른 사람과 공유하면 함께 음악을 즐길 수 있습니다.

1. 크롬 뮤직랩을 사용할 때 가장 안정적인 웹 브라우저는 무엇일까요?

　① 마이크로소프트 엣지　　　　② 크롬

　③ 인터넷 익스플로러　　　　　④ 네이버 웨일

2. 다음 크롬 뮤직랩의 프로그램 중에서 작곡한 곡을 공유하거나 저장할 수 있는 프로그램은 무엇일까요?

　① 사운드웨이브　　　　　② 칸딘스키

　③ 송메이커　　　　　　　④ 리듬

3. 가장 싫어하는 날씨를 그림으로 표현하고, 그린 그림에 맞는 음색으로 설정해 보세요.

4. 다음 악보처럼 송메이커를 설정하고 음을 찍어 보세요. 만든 곡을 피아노로 연주한 후 웨이브 파일로 다운로드 하세요.

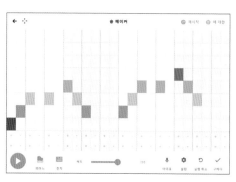

06

크롬 뮤직랩 2

크롬 뮤직랩의 14개의 프로그램 중 '리듬'을 사용하여 박, 박자, 리듬의 개념을 이해하고 직접 리듬을 만들 수 있습니다. 만든 리듬에 맞춰 노래를 부르고, 다른 사람과 비교해 볼 수도 있습니다. '쉐어드피아노'는 여러 사람과 합주할 수 있어 멀리 떨어져 있는 친구와 각기 다른 악기를 선택하여 연주할 수도 있습니다. 음악 수업에 쉐어드피아노를 활용하면 학생들이 매우 즐거워할 것입니다.

학습목표
- 리듬으로 박, 박자, 리듬의 개념을 알고, 3박자, 4박자 리듬을 만들 수 있습니다.
- 쉐어드피아노로 연주 중에 연주한 부분을 바로 들어볼 수 있습니다.
- 쉐어드피아노로 떨어져 있는 친구와 실시간으로 협업할 수 있습니다.

실습 예제
- 공유 링크: https://musiclab.chromeexperiments.com/Shared-Piano/saved/#sdlpd8tAowcLKHs3az1

미리보기

▲ 리듬　　　　　　　　　　　▲ 쉐어드피아노

리듬과 쉐어드피아노

리듬(Rhythm)

크롬 뮤직랩의 리듬(Rhythm)에 접속하면 원숭이 2마리가 악기를 연주하는 모습을 하고 있습니다. 왼쪽의 원숭이는 색깔이 다른 2개의 북, 오른쪽의 원숭이는 트라이 앵글을 가지고 있습니다. 격자무늬를 클릭하여 원하는 리듬을 만들 수 있으며 순서는 왼쪽부터 오른쪽으로 연주됩니다.

뮤직랩의 리듬에서는 다른 동물들의 악기 연주 장면을 가져와서 더욱 다양한 리듬을 만들고, 리듬, 박, 박자에 대해서 자연스럽게 이해할 수 있습니다.

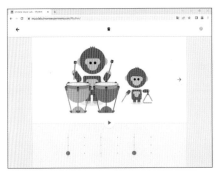
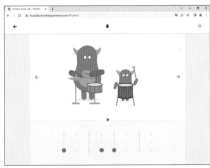
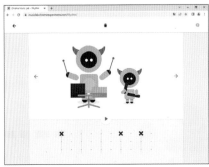
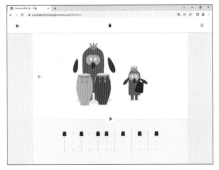

쉐어드피아노(Shared Piano)

크롬 뮤직랩의 쉐어드피아노(Shared Piano)를 활용하면 화상회의를 하듯이 여러 명의 사용자가 온라인으로 만나 실시간으로 협업하여 연주할 수 있습니다. 각자가 있는 곳에서 컴퓨터나 미디 키보드로 연주하면 같은 장소에 모여서 협주하는 것처럼 온라인으로 공유할 수 있습니다. 악기 연주를 통한 음악 교육이나 공동작업을 실시간으로 진행할 수 있습니다.

- 크롬 브라우저를 사용하면 한 번에 10명까지 함께 연주할 수 있습니다.
- 송메이커는 실시간 협업 활동이 불가능하지만, 쉐어드피아노는 가능합니다.
- 스마트폰이나 태블릿을 사용하면 화면을 터치하여 연주하고, 컴퓨터나 노트북을 사용하면 자판으로 연주할 수 있습니다.

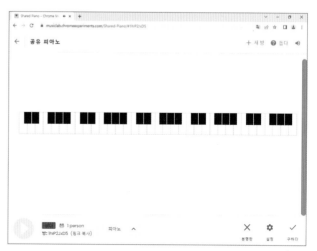

리듬(Rhythm) 실행하기

1 크롬 브라우저에서 '뮤직랩'에 접속합니다. 원숭이가 북을 치는 모양의 리듬(Rhythm)을 클릭합니다.

> **URL** 뮤직랩
>
> https://musiclab.chromeexperiments.com

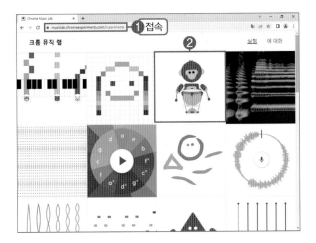

2 원숭이가 북과 트라이앵글을 연주하는 듯한 모습을 하고 있습니다. 오른쪽의 화살표를 클릭하면 다른 동물들이 다른 악기를 연주하고 있습니다. 각각 3박자, 4박자 등 연주할 리듬에 맞춰 선택합니다.

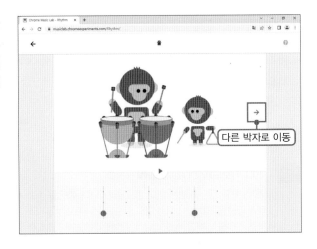

3 원숭이 아래에 있는 격자무늬의 제일 아래 점을 클릭하면 원숭이가 주황색 북을 치고 주황색 점이 찍힙니다. 그 위에 점을 클릭하면 노란색 북을 치고 노란색 점이 찍힙니다. 제일 위에 점을 클릭하면 오른쪽 작은 원숭이가 트라이앵글을 치고 회색 점이 찍힙니다.

4 굵은 선은 주 박자이고, 선이 없고 점만 있는 것은 보조 박자로 생각하고 리듬을 만듭니다. 굵은 선이 3개이므로 3박자의 리듬을 만들 수 있습니다. 악기는 위로 갈수록 높은음을 냅니다.

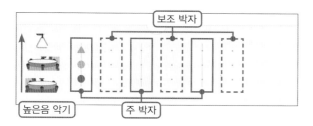

3박자 리듬 만들기

1 '무엇이 무엇이 똑같을까'로 시작하는 3박자 노래(제목은 똑같아요)에 맞게 격자무늬의 점을 클릭하여 리듬을 만들어 봅니다.

2️⃣ 굵은 선의 주 박자에 점을 찍어서 리듬을 만들어 봅니다. ▸ 를 클릭하면 리듬에 맞게 연주합니다. 노래도 불러 봅니다.

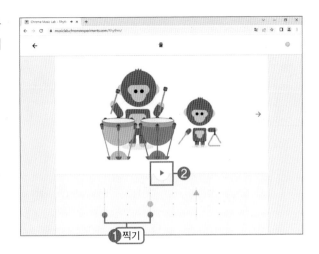

3️⃣ 보조 박자에 꾸밈음을 생각하면서 리듬을 만들어 봅니다. ▸ 를 클릭하면 리듬에 맞게 연주합니다. 노래도 불러 봅니다.

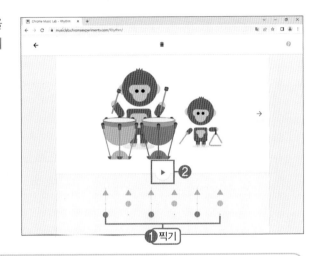

TIP

셈여림

일정한 길이의 박을 일정한 속도로 치다 보면 지루함이 생깁니다. 박자는 지루함을 없애기 위해 센박과 여린박이 규칙적으로 반복되는 셈여림을 가집니다. 첫 박은 항상 센박이며, 센박 다음에는 여린박이 나옵니다. 박자는 센박이 몇 번째에 나오냐에 따라 2박자(강 · 약), 3박자(강 · 약 · 약), 4박자(강 · 약 · 중강 · 약) 등으로 나뉩니다. 박자를 기호로 나타낼 때는 센박은 ◎, 여린박은 o, 중강박은 ○를 사용합니다. 중강박은 한 마디 안에 센박이 2개 이상 들어 있을 때 두 번째 센박부터 사용하는 단어입니다.

예를 들어 3박자 곡의 경우 셈여림은 강 · 약 · 약입니다. 셈여림에 맞춰 노래하고 연주하면 곡의 리듬과 분위기를 더욱 잘 표현할 수 있습니다.

🤖 4박자 리듬 만들기

1 동요 '괜찮아요'는 4분의 4박자입니다. 노래에 맞게 리듬을 만들어 봅니다.

2 먼저 다음 동물 연주 장면으로 이동합니다. 굵은 선이 4개이므로 4박자를 연주할 수 있습니다. 주 박자에 점을 찍어서 리듬을 만들어 봅니다. ▸를 클릭하면 리듬에 맞게 연주합니다. 4박자의 곡의 경우 셈여림은 강 · 약 · 중간 · 약입니다. 셈여림에 맞춰 노래도 불러 봅니다.

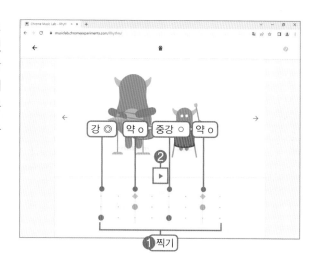

3 보조 박자에 꾸밈음을 생각하면서 리듬을 만들어 봅니다. ▸를 클릭하면 리듬에 맞게 연주합니다. 노래도 불러 봅니다. 다른 4박자 곡들도 리듬을 만들어 봅니다.

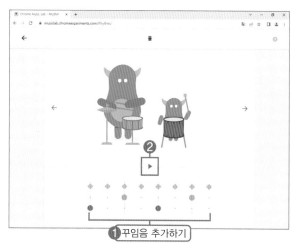

5박자와 6박자

- **5박자:** $\frac{5}{4}$박자의 곡은 주로 재즈 곡에 사용됩니다. 흔히 알 수 있는 곡으로 영화 미션임파서블 OST의 '빰빰빠~밤'에 맞는 리듬으로 만들어 보았습니다.

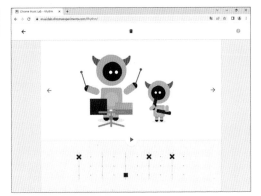

- **6박자:** 앞에서 다른 곡들은 4분음표를 1박으로 하는 곡이었는데, 8분음표를 1박으로 하는 $\frac{6}{8}$박자의 곡을 연주해 볼 수도 있습니다. $\frac{6}{8}$박자의 셈여림은 강약약 중강약약입니다. $\frac{6}{8}$박자의 곡인 '과수원길'을 부르면서 다음 리듬을 연주해 봅니다.

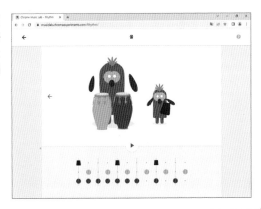

이렇게 수업하세요!

리듬에서 주 박자와 보조 박자에 점을 찍어 리듬만으로 작곡을 해 보고, 곡의 제목을 각자 지어 봅니다. 음으로 연주한 곡과 리듬 곡의 차이점을 발표해 봅니다.

Step 03 、 쉐어드피아노로 연주하기

쉐어드피아노 사용법

1 크롬 뮤직랩에서 피아노 건반 모양의 쉐어드피아노(Shared Piano)를 클릭합니다.

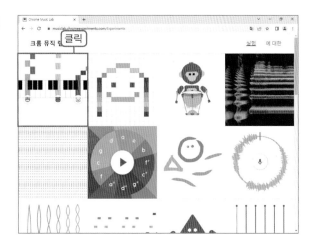

2 마우스로 건반을 클릭하여 연주하거나 키보드를 눌러서 연주할 수 있는 쉐어드피아노 화면이 펼쳐집니다.

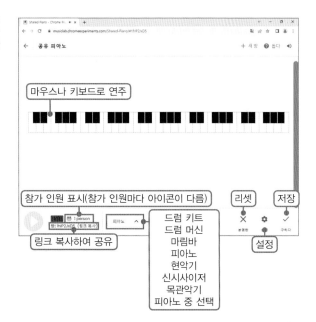

마우스나 키보드로 연주

참가 인원 표시(참가 인원마다 아이콘이 다름)

리셋

저장

링크 복사하여 공유

드럼 키트
드럼 머신
마림바
피아노
현악기
신시사이저
목관악기
피아노 중 선택

설정

3 쉐어드피아노의 설정 메뉴에서는 옥타브 설정이나 이모티콘을 보여 줄지 말지 등을 설정할 수 있습니다.

❶ 옥타브: 8옥타브 건반까지 설정 가능

❷ 메모 이름: 연주음 이름을 보이거나 숨기기

❸ 이모티콘: 연주자 캐릭터를 보이거나 숨기기(함께 연주할 때 누가 연주하고 있는지 알 수 있음)

❹ 노트 트레일: 음을 연주할 때 이미지로 보여지는 것

❺ 스크롤 동작

   • 유휴 상태일 때 일시 중지: 음을 연주하다가 멈추면 스크롤도 멈춤

   • 유휴 상태일 때 스트롤: 음을 연주하다가 멈춰도 스크롤은 계속 올라감

❻ 미디 기기(미디 장치)

   • 모든 입력: 음을 입력할 때 키보드를 인식해서 키보드로 입력

   • 없음

TIP **키보드 자판으로 연주하기**

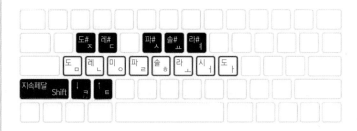

• ㅁ키부터 ㅑ키는 낮은 도부터 높은 도까지 연주할 수 있습니다.

• Shift 키 누른 채 계이름 키를 연주하면 누른만큼 음이 지속됩니다.

• ㅋ키를 한 번 누르면 한 옥타브가 내려가고, ㅋ키를 누를수록 옥타브가 더 내려갑니다. ㅌ키를 한 번 누르면 한 옥타브가 올라가고, ㅌ키를 누를수록 옥타브가 더 올라갑니다.

키보드로 연주하고 들어보기

1 쉐어드피아노의 설정을 마쳤으면 키보드를 활용하여 연주합니다. 연주한 부분을 듣고 싶을 때는 마우스 휠을 위아래로 움직입니다. 그러면 아래쪽에 [라이브로 돌아가기] 버튼이 생기고, 왼쪽 하단에 재생 ▶ 버튼이 활성화됩니다. 다시 마우스 휠을 움직여서 듣고 싶은 부분이 나오면 재생 ▶ 버튼을 클릭합니다.

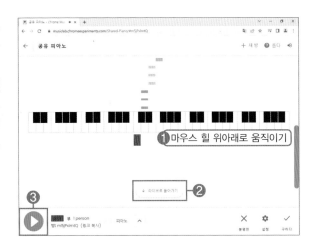

2 연주를 멈추려면 ⏹를 클릭합니다. 연주를 다시 하려면 [라이브로 돌아가기]를 클릭합니다.

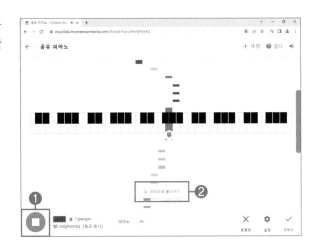

TIP **스마트폰이나 태블릿에서의 연주**

스마트폰이나 태블릿에서 쉐어드피아노에 접속하면 손가락을 이용해 키보드를 연주합니다. 연주하다가 듣고 싶은 부분이 있으면 손가락을 키보드 아래로 드래그합니다. [라이브로 돌아가기] 버튼이 생기면 키보드 아래쪽에서 손가락을 위아래로 드래그하여 듣고 싶은 부분이 나오면 왼쪽 하단의 활성화된 재생 ▶ 버튼을 터치합니다. 다시 라이브 연주를 하려면 [라이브로 돌아가기] 버튼을 터치합니다.

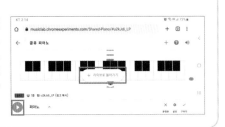

친구와 쉐어드피아노 함께 연주하기

1 현재 방의 링크 주소를 복사하여 공유하기 위해 왼쪽 하단의 [Copy link(또는 링크 복사)]를 클릭합니다. 링크 주소를 친구에게 메일이나 메신저로 공유합니다.

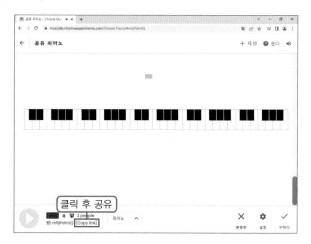

2 친구가 접속하면 왼쪽 아래쪽에 캐릭터 아이콘이 2개가 되고, 연주할 때 친구의 캐릭터가 보여서 어디를 치는지 알 수 있습니다.

> 💡 친구도 공유 링크 주소를 통해 접속하면 상대방이 연주하는 모습을 볼 수 있습니다.

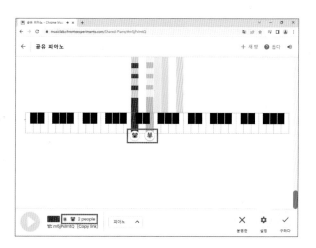

3 연주한 것을 저장할 때는 오른쪽 하단의
✓ 를 클릭한 후 [새 탭에서 열기]를 클릭합
니다.

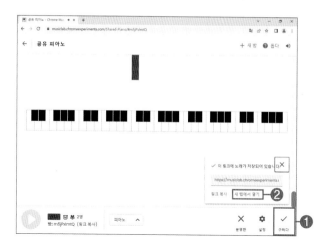

4 ▶를 클릭하면 연주한 것을 들을 수 있습니
다. 이미 저장되어 재생되는 부분은 수정할
수 없고, 그 외의 키보드에서 연주하여 새로
운 곡을 만들 수 있습니다. [공유하다]를 클
릭하여 공유할 수도 있습니다.

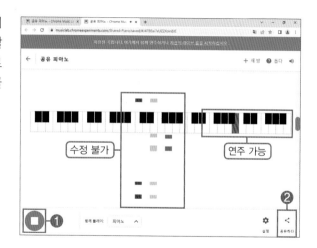

이렇게 수업하세요!

모둠별로 협업하여 작곡을 해 봅니다. 먼저 각자 파트를 정하고, 모둠에서 한 명이 녹음을 맡고 나머지 학생에게
공유 링크를 보냅니다. 즉흥 연주를 통해 곡을 협업하여 만드는 과정을 체험하게 하고 소감을 발표해 봅니다.

1. **리듬(Rhythm), 박(Beat), 박자(Meter)**

   어떤 소리가 시간적으로 일정한 규칙을 가질 때를 일컫는 것을 '리듬'이라 하고, 리듬을 같은 간격으로 좀 더 단순하게, 그리고 일정하게 나타낸 것을 '박'이라고 합니다. 박을 일정하게 묶어 놓은 것이 '박자'입니다.

2. **크롬 뮤직랩의 리듬(Rhythm)**

   - 동물들이 타악기를 연주합니다.
   - 3박자, 4박자, 5박자, 6박자의 리듬을 만들 수 있습니다.
   - 하단 격자무늬의 굵은 선은 주 박자, 선 없이 점으로 된 부분은 보조 박자로 생각하고 리듬을 만듭니다.
   - 일정한 길이의 박을 일정한 속도로 치다 보면 지루함이 생길 수 있습니다. 박자는 지루함을 없애기 위해 센박과 여린박이 규칙적으로 반복되는 '셈여림'을 가지게 됩니다.
   - 같은 박자라도 각기 다른 리듬을 만들 수 있습니다.
   - 만든 리듬을 저장하거나 다른 사람과 공유할 수 없는 것이 단점입니다.

3. **쉐어드피아노의 연주 및 저장**

   - 연주 중에 연주한 부분을 듣고 싶을 때는 마우스 휠을 위아래로 움직이면 아래쪽에 [라이브로 돌아가기] 버튼이 생깁니다. 다시 마우스 휠을 움직여서 듣고 싶은 곳을 찾은 후 왼쪽 하단의 재생 ▶ 버튼을 클릭하여 들어봅니다. 연주를 멈추려면 ⬤를 클릭하고, 다시 연주하는 상태로 돌아가려면 [라이브로 돌아가기] 버튼을 클릭합니다.
   - 연주곡을 저장하려면 ✓ 를 클릭한 후 [링크 복사]나 [새 탭에서 열기]를 클릭합니다. ▶ 버튼을 클릭하면 지장한 곡을 들어볼 수 있습니다.

Quiz

1. 크롬 뮤직랩에서 박, 박자, 리듬을 이해하고, 리듬을 만들 수 있는 프로그램은 무엇일까요?
   ① 쉐어드피아노　　　　　　　② 칸딘스키
   ③ 송메이커　　　　　　　　　④ 리듬

2. 다음 크롬 뮤직랩의 프로그램 중에서 작곡한 곡을 공유하고 여러 사람과 협업하여 연주할 수 있는 프로그램은 무엇일까요?
   ① 쉐어드피아노　　　　　　　② 칸딘스키
   ③ 송메이커　　　　　　　　　④ 리듬

3. 4박자 곡을 찾아보고, 크롬 뮤직랩의 리듬에서 리듬을 만들어서 발표해 보세요.

4. 크롬 뮤직랩의 쉐어드피아노에서 3명이 함께 합주해 봅니다. 단, 피아노, 드럼 머신, 신시사이저로 각기 다른 악기로 연주합니다.

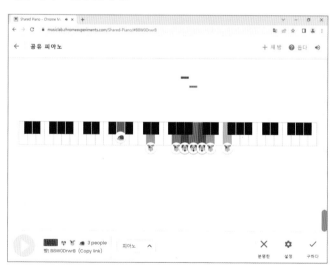

07

구글
아트 앤 컬처 1

코로나19가 유행하면서 박물관이나 미술관은 관람시간 제한이나, 아예 관람을 제한하는 등 세계문화유산, 명화, 명작들을 직접 보는 것은 어려운 일이었습니다. 물론 코로나19가 종식되어도 여전히 시간과 비용이 많이 드는 일입니다. 구글 아트 앤 컬처는 인터넷만 연결되어 있으면 시간, 비용, 안전 문제없이 언제나 세계문화유산과 명화를 감상할 수 있는 플랫폼입니다. 인공지능 기술로 명화, 명작을 직접 가서 보는 것보다 더 가까이 보고, 느낄 수 있게 되었습니다. 구글 아트 앤 컬처는 PC는 물론 스마트폰 기기에서도 즐길 수 있으며, 이번 섹션에서는 PC 버전을 기준으로 알아보겠습니다.

학습목표
- 구글 아트 앤 컬처의 화면 구성을 이해하고, 메뉴를 사용할 수 있습니다.
- 구글 아트 앤 컬처로 가장 넓은 온라인 미술관을 체험할 수 있습니다.
- 구글 아트 앤 컬처의 실험에서 AI를 사용한 아트 팔레트, 라이프 태그, 미니어처 확대에서 원하는 작품을 찾아볼 수 있습니다.

실습 예제
- 준비파일: 거실1.jpg

미리보기

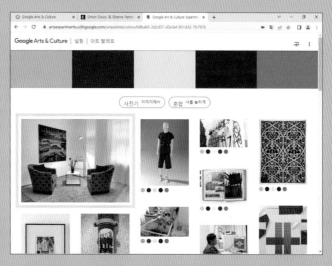

▲ 아트팔레트

01 AI 미술관 구글 아트 앤 컬처

구글 아트 앤 컬처(Google Arts & Culture)

구글 아트 앤 컬처는 2011년 구글 아트 프로젝트라는 이름으로 고해상도 이미지를 보여 주는 가상미술관 서비스로 시작되었습니다. 현재는 전 세계 2000개 이상의 미술관, 박물관 등 문화예술 기관들이 소유하고 있는 문화유산, 예술작품, 기록, 유적지 등을 전시하고 있는 온라인 플랫폼입니다. 구글 아트 앤 컬처에서는 작품을 화파, 역사적 배경 등 여러 가지 관점에서 감상할 수 있을 뿐만 아니라 가상 전시관과 AI 게임처럼 첨단 기술을 통해 즐길 수도 있습니다. 코로나19로 인한 사회적 거리두기가 시행되고 문화생활이 어려운 상황에서도 구글 아트 앤 컬처는 끊임없이 전 세계의 문화유산과 예술가 이야기를 공유하고 있어 더 많은 사람에게 사랑받게 되었습니다.

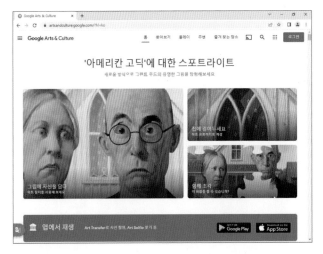

TIP 구글 엔지니어들은 세계 각국의 문화기관과 함께 IT 기술과 예술을 접목해 첨단 예술 프로젝트를 계속해서 발전시키고 있습니다. AI 기술로 작품을 분류하거나 VR을 사용하여 마치 눈앞에서 보는 것처럼 관람할 수 있는 가상 전시관으로 발전하고 있습니다.

구글 아트 앤 컬처 화면 구성

❶ **홈**: 구글 아트 앤 컬처의 기능을 한데 모아놓은 곳. 추천하는 테마나 지역의 작품 등을 보여 줍니다.

❷ **찾아보기**: 작품을 작가, 재료, 화파 등 다양한 카테고리로 분류하여 보여 줍니다.

❸ **플레이**: 구글 아트 앤 컬처가 개발한 퍼즐이나 퀴즈 등 게임을 즐길 수 있습니다.

❹ **주변**: 지도 앱을 이용하여 현재 내 주변에 있는 미술관이

나 박물관을 알려주거나, 주변 지역을 배경으로 한 미술 작품을 보여 줍니다.

❺ **즐겨 찾는 장소**: 즐겨찾기에 추가하고 공유할 컬렉션을 만들려면 회원가입 후 로그인을 해야 합니다.

❻ **컬렉션**: 세계 유명 미술관이나 박물관이 소장한 작품을 볼 수 있습니다. 작품을 개별적으로 감상할 수 있고, 전시관에 있는 것처럼 VR 관람도 가능합니다. 기관들을 이름순이나 지도를 통해 국가/지역별로도 찾아볼 수 있습니다.

❼ **테마**: 여러 가지 테마의 콘텐츠를 볼 수 있습니다. 미술 작품은 물론 블로그 기사, 팟캐스트, 영상 등 테마에 맞춘 다양한 미디어를 즐길 수 있습니다.

❽ **실험**: 구글의 AI 실험실 중 예술과 문화를 바탕으로 한 온라인 게임 형식의 재미있고 교육적인 실험을 체험할 수 있습니다.

❾ **아티스트**: 원하는 작가의 작품과 정보를 모아볼 수 있습니다. 작가의 이름순이나 시대별로 찾아볼 수 있습니다.

❿ **재료**: 사용된 재료나 기법을 기준으로 작품을 분류하여 보여 줍니다.

⓫ **화파(예술 운동)**: 로코코, 르네상스 등의 화파를 기준으로 작품을 분류했고, 이름순이나 시대순으로 탐색할 수 있습니다.

⓬ **역사적 사건/역사적 인물**: 역사적인 사건과 세계적인 인물을 소재로 한 작품을 모아놓았습니다.

⓭ **장소**: 제작되었거나 설치된 장소를 기준으로 작품을 분류하여 보여 줍니다.

Step 02 、 구글 아트 앤 컬처(PC) 살펴보기

1 크롬 브라우저를 실행한 후 [Google 앱 ⠿]
을 클릭하고 [아트 앤 컬처 ⏺]를 클릭합니다.

TIP 구글 아트 앤 컬처는 스마트폰 앱도 있어 언제 어디서나 즐길 수 있습니다. Section 8에서 학습합니다.

2 구글 아트 앤 컬처는 한국어 서비스를 하지 않습니다. 하단의 [Google 번역]을 클릭하여 번역 기능을 사용합니다.

클릭

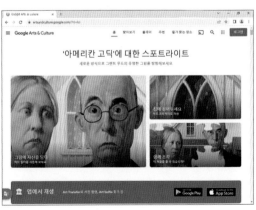

3 왼쪽 상단의 ≡를 클릭하면 원하는 작품이나 미술관, 박물관을 찾아볼 수 있습니다. 여기서는 [찾아보기]를 클릭합니다.

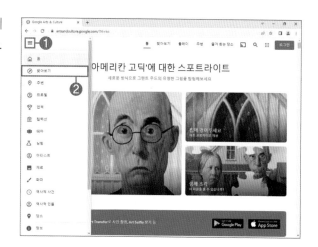

4 [Art Camera]에서 고화질 예술작품을 탐색할 수도 있고, [360° 동영상]에서 360°로 문화 체험을 할 수 있는 동영상을 볼 수 있습니다. 카테고리별, 시간과 색상 등 주제에 맞게 분류되어 있습니다. 카테고리에서 [재료]를 클릭합니다.

5 작품이 재료별로 분류되어 있습니다. 원하는 작품을 클릭하면 세부 설명과 함께 작품을 감상할 수 있습니다. 같은 방법으로 원하는 분류를 찾아 작품을 감상할 수 있습니다.

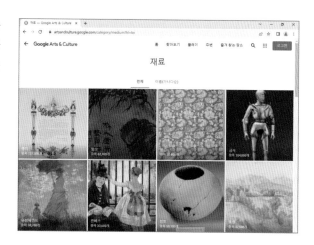

구글 아트 앤 컬처에서 AI 프로젝트 체험하기

색상으로 연관된 작품 감상하기

1 왼쪽 상단의 ☰를 클릭하여 [실험]을 클릭합니다.

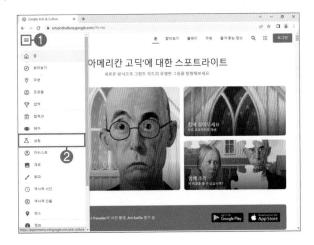

2 예술 및 문화 실험에 관한 사이트가 열립니다. 번역 창에서 [한국어]로 설정한 후 검색란에 'art palette'라고 입력하여 검색합니다.

3 'art palette'에 관해 체험할 수 있는 실험들
이 나타납니다. [아트 팔레트]의 [실험 시작]
버튼을 클릭합니다.

TIP

art palette
아트 팔레트는 딥러닝 기술로 세계 미술 작품을
검색 및 분류합니다. 사용자가 팔레트에서 원하
는 색상을 선택하면 비슷한 색감의 작품들이 자
동으로 검색됩니다.

4 아트 팔레트에 대한 설명과 동영상을 볼 수
있습니다. [실험 시작] 버튼을 클릭합니다.

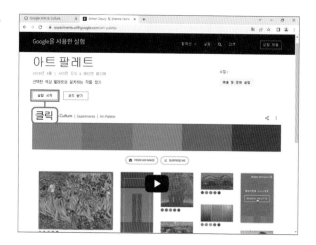

5 실험이 시작되면 번역 창에서 [한국어]를
선택하고 [소개 건너뛰기] 버튼을 클릭합
니다.

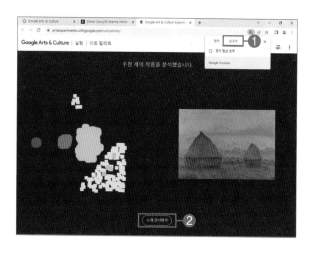

6 상단의 색상 팔레트의 5가지 색상과 관련
된 작품이 검색되어 나타납니다. 서로 다른
작품이 색상으로 연관되어 있다는 것을 알
수 있습니다.

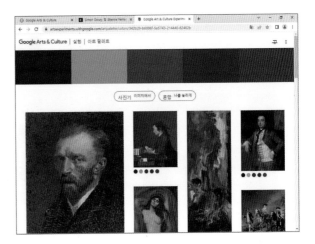

TIP 아트 팔레트 실험이 시작되면 상단의 팔레트 색상이 임의대로 설정되어 있고 그 색상과 연관된 작품
이 검색되기 때문에 책과 다를 수 있습니다. 반 고흐의 자화상 작품에 사용된 5가지 색상은 다음과
같습니다.

● —— #342b29
● —— #b6996f
● —— #5e5743
● —— #214440
● —— #82482b

7 자세히 보고 싶은 작품이 있으면 마우스를 가져간 후 [자세한 내용은]을 클릭하면 작품을 자세히 볼 수
있습니다. 돋보기를 클릭하여 작품을 확대합니다.

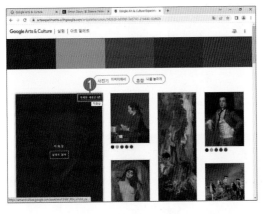

8 마우스의 휠을 사용하여 확대, 축소하거나 오른쪽의 섬네일에서 +, −를 클릭하여 확대, 축소하여 작품을 자세히 관찰할 수 있습니다. 최대한 확대하면 작품의 붓 터치까지 볼 수 있어 미술관에 가서도 볼 수 없는 모습을 집에서 PC로 관찰할 수 있습니다. 관람이 끝나면 ESC 키를 눌러 이전 화면으로 되돌아 갑니다.

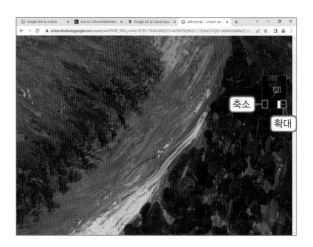

9 [증강 현실로 보기] 또는 [스트리트 뷰로 보기]를 클릭하면 전시관에 있는 것처럼 작품을 감상할 수 있습니다. 여기서는 [스트리트 뷰로 보기]를 클릭합니다. 실제 작품을 보기 위해 걸으면서 보는 것처럼 느껴집니다. 같은 방법으로 다른 작품들도 감상해 봅니다.

🤖 팔레트 색상 지정해서 작품 찾아보기

1 상단의 팔레트에서 색상을 지정하여 작품을 찾아봅니다. 색상이 바뀔 때마다 검색되는 작품이 계속해서 바뀝니다.

TIP 올해의 색상을 직접 지정해 작품을 찾아봅니다. 팔레트에서 여러 색상을 선택할 수 있고 색상에 따라 그림뿐만 아니라 설치물이나 의상, 장신구 등 다양한 소품도 검색할 수 있습니다. 패션 아이템이나 인테리어에 필요한 아이템을 찾을 때 유용합니다.

2 [혼합 나를 놀라게] 버튼을 클릭하면 상단의 색상 5가지가 한꺼번에 바뀌면서 아래쪽의 검색되는 작품들이 바뀝니다. 사용자가 좋아하는 색상이 나올 때까지 클릭하여 감상해 봅니다.

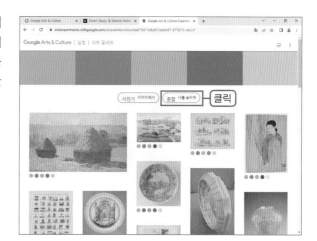

🤖 사진 불러와 작품 검색하기

1 [사진기 이미지에서] 버튼을 클릭합니다.

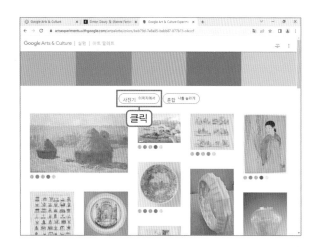

2 구글에서 사진을 다른 목적으로 사용하지 않는다는 창에 [동의함] 버튼을 클릭합니다.

3 촬영한 사진의 색상을 분석하여 유사한 작품을 검색할 수도 있습니다. 웹캠 사용 권한 요청 창에 [허용] 버튼을 클릭합니다(원치 않으면 [차단] 버튼을 클릭합니다). 파일을 불러와서 찾기 위해 [이미지 업로드 파일 업로드] 버튼을 클릭합니다.

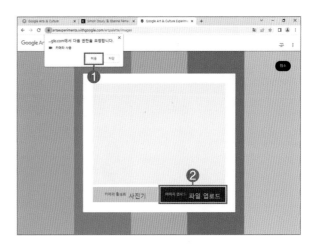

4 [열기] 대화상자에서 '거실1' 파일을 불러옵니다.

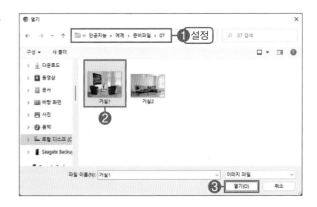

5 팔레트의 색상이 불러온 사진과 관련된 색상으로 설정되었습니다. 직접 사진의 다른 색상 부분을 찍어서 색상을 변경할 수도 있습니다. 이 팔레트와 연관된 작품을 보기 위해 [이 팔레트의 작품 보기]를 클릭합니다.

6 관련된 작품, 인테리어 소품과 관련된 정보
는 물론 패션 아이템도 찾아볼 수 있습니다.

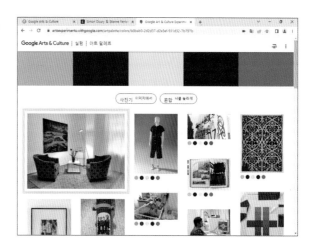

TIP 아트 팔레트는 먼저 출시한 아트 셀피와 비슷한 방식으로 사진을 업로드하면 연관 작품들이 나타
납니다. 아트 셀피는 사람들의 얼굴과 매치했다면, 아트 팔레트는 옷이나 실내 장식에 중점을 두
었습니다. 특정 색상들이 어떻게 잘 어울리는지 알 수 있습니다. 또한, 자신의 집이나 사무 공간에
어울리는 색상을 고를 때도 도움을 받을 수 있습니다.

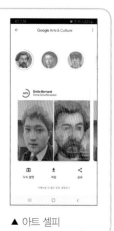

▲ 아트 셀피

이렇게 수업하세요!

학생들의 방 사진을 아트 팔레트에서 불러와 어울리는 소품이나 아이템을 찾아봅니다. 방과 어울리는 대표 색상
의 느낌을 말해 보고 색의 3요소에 대해서도 공부해 봅니다.

태그로 분류된 이미지,
시사 잡지 라이프

1 예술 및 문화 실험에 관한 사이트의 검색란에 'life tags'라고 입력하여 검색합니다.

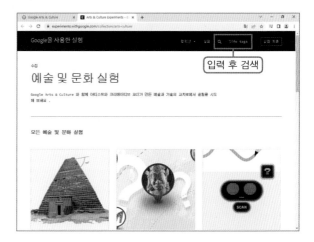

2 'life tags'에 관해 체험할 수 있는 실험들이 나타납니다. [LIFE 태그]의 [실험 시작] 버튼을 클릭합니다.

LIFE 태그

LIFE 태그는 머신러닝을 사용하여 Life 잡지 아카이브의 4백만 개 이상의 이미지가 대화형 백과사전으로 정리되어 있습니다. Life 잡지는 포토저널리즘에 중점을 둔 미국의 시사 화보지로 1936년에 창간하여 2007년에 폐간되었습니다.
머신러닝을 통해 수백만 개의 이미지를 수천 개의 레이블을 기반으로 카탈로그 형식으로 자동 분류하였고, 이미지 카테고리 및 레이블을 검색하여 Life 잡지 아카이브를 쉽게 탐색할 수 있게 되었습니다.

3 실험이 시작되면 번역 창에서 [한국어]를 선택하지 않고 원문 그대로 설정한 후 [Skip Intro]를 클릭합니다.

4 A부터 Z까지 단어들이 나타납니다. 검색하고 싶은 단어를 클릭합니다. 여기서는 'coral reef'를 클릭합니다.

5 'coral reef'를 클릭하였더니 왼쪽에는 위키미디어의 정보와 함께 산호초와 관련된 수많은 사진이 검색됩니다. 오른쪽 상단에는 있는 관련 레이블을 선택하면 관련된 이미지도 검색할 수 있습니다. 사진 중 하나를 클릭합니다.

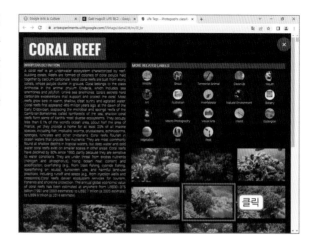

6 각 이미지에는 인식되는 요소에 연결된 여러 레이블이 있습니다. 현재 이미지에 연결된 레이블 중 위쪽 'Fish'를 클릭합니다.

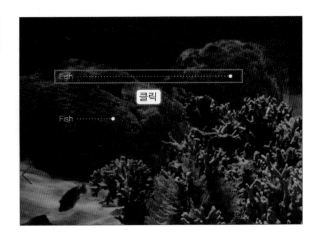

TIP 오른쪽 하단의 🔗(Google Cultural Institute)를 클릭하면 해당 사진의 세부 정보(사진작가, 촬영 연도 등)를 확인할 수 있습니다.

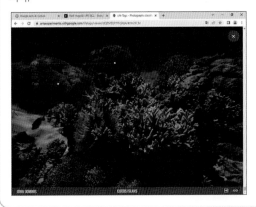

7 'Fish'와 관련된 정보와 이미지가 검색되었습니다. 같은 방법으로 다양한 이미지를 검색하여 정보를 얻을 수 있습니다.

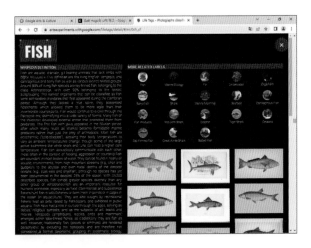

'미니어처 확대' 실험은 인도 뉴델리국립박물관에 전시된 17,000점의 미니어처 작품 내의 아름다운 세부 요소에서 다른 작품의 세부 요소로 이동하며 걸작 여행을 할 수 있습니다. 이는 머신러닝에 의해 구현되었습니다. 미니어처 회화는 인도에서 발달하였으며 세계적으로 유명한 예술 형식으로 세밀한 필법으로 그린 작은 크기의 채색화입니다.

1 예술 및 문화 실험에 관한 사이트의 검색 창에 'india'라고 입력하여 검색합니다.

2 'india'에 관해 체험할 수 있는 실험이 나타납니다. [미니어처 확대]의 [실험 시작] 버튼을 클릭합니다.

TIP 구글 아트 앤 컬처에서는 아트 카메라를 사용하여 육안으로 볼 수 없는 세부 사항을 볼 수 있는 초고해상도로 캡처하여 미니어처 회화를 전시하였고, '미니어처 확대'를 통해 직접 인도 뉴델리국립박물관을 찾아가서도 볼 수 없는 세부 사항까지 볼 수 있게 되었습니다.

3 미니어처에 대한 설명과 동영상을 볼 수 있습니다. [실험 시작] 버튼을 클릭합니다.

4 번역 창에서 [한국어]를 선택하고, 작품이 보이면 작품 안의 키워드가 숨어 있습니다. 키워드를 클릭하여 실험을 시작합니다. 여기서는 '모자'를 클릭했습니다.

5 화면이 이동하며 인도 뉴델리국립박물관의 다른 미니어처 작품 중 세밀하게 그린 모자들이 확대되어 나타납니다.

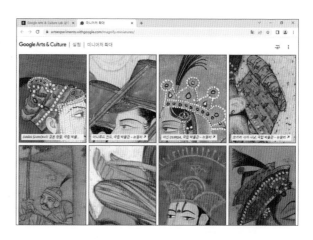

6 잠시 후에 작품 안에 숨어 있는 여러 키워드가 나타납니다. 키워드를 클릭하면 어떻게 그려졌는지 세밀하게 살펴볼 수 있습니다. '팔찌'를 클릭합니다.

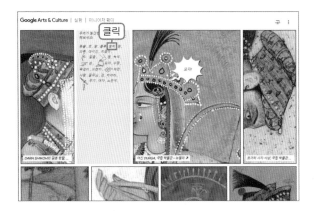

7 키워드 팔찌로 연결된 작품들이 나타납니다. 그중 하나를 선택합니다.

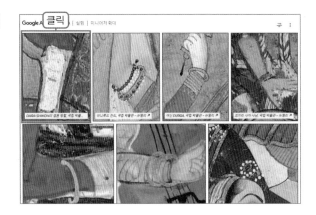

8 구글 인공지능을 통해 온라인에 전시된 뉴델리국립박물관의 작품으로 이동합니다. 구글 번역을 통해 작품 설명과 가로 320mm 정도 크기의 그림에 수많은 사람과 착용한 장신구까지 세밀하게 그려낸 것을 확대해서 볼 수 있습니다.

1. **구글 아트 앤 컬처(Google Arts & Culture):** 2011년 구글 아트 프로젝트라는 이름으로 시작된 가상미술 관입니다. 현재 전 세계 2000개 이상의 미술관, 박물관 등 문화예술 분야의 기관들이 소유하고 있는 문화 유산, 예술작품, 기록, 유적지 등을 전시하는 온라인 플랫폼입니다.

   • '찾아보기 / 주변 검색'을 통해 나에게 필요한 작품이나 자료를 검색 및 감상할 수 있습니다.
   • 전 세계의 공유된 미술작품, 역사 유물, 문화재 사진을 컬렉션, 테마, 아티스트, 재료, 화파에 따라 작품을 묶어서 검색하여 자세한 설명과 함께 관람할 수 있습니다.

2. **아트 팔레트(Art Palette):** 상단의 색상 팔레트에서 1~5가지 색상을 선택하면 알고리즘에 의해 비슷한 색상의 전 세계 예술작품과 매치해 보여 줍니다.
   URL https://artsexperiments.withgoogle.com/artpalette

3. 아트 팔레트에서는 직접 촬영한 사진이나 이미지를 업로드하여 색상과 매치되는 작품들을 찾을 수 있습니다. 특정 색상들이 어떻게 잘 어울리는지를 보고 자신의 공간에 어울리는 색상을 선택해야 할 때 도움을 받을 수도 있습니다.

4. **LIFE 태그:** 머신러닝을 사용하여 LIFE 잡지 아카이브의 4백만 개 이상의 이미지를 수천 개의 레이블을 기반으로 카탈로그 형식으로 자동 분류하였고, 이미지 카테고리 및 레이블을 검색하여 LIFE 잡지 아카이 브를 쉽게 탐색할 수 있게 되었습니다.
   URL https://artsexperiments.withgoogle.com/lifetags

5. **미니어처 확대 실험:** 머신러닝에 의해 인도 뉴델리국립박물관의 17,000점의 미니어처 그림의 세부 요소 를 키워드를 통해 연결해 주는데, 이는 머신러닝으로 구현되었습니다.
   URL https://artsexperiments.withgoogle.com/magnify-miniatures

6. 인도의 미니어처 작품은 오래된 전설, 종교 신화, 사랑의 분위기와 변화하는 계절에 생명을 불어넣는 아름 다운 세부 묘사가 풍부합니다. 인도의 미니어처 작품은 손바닥만힌 크기의 종이에 수없이 많은 사람과 착 용한 장신구까지 그려내고 있습니다.

Quiz

1. 2011년 구글 아트 프로젝트라는 이름으로 시작된 가상미술관은 무엇일까요?
   - ① 구글 어시스턴트
   - ② 구글 컬렉션
   - ③ 구글 아트 앤 컬처
   - ④ 구글 어스

2. 인도 뉴델리국립박물관의 미니어처 작품의 세부 요소 키워드가 다른 작품과 연결되어 있으며, 세부 요소를 클릭하면 작품을 확대해서 감상할 수 있는 실험은 무엇일까요?
   - ① 구글 아트 앤 컬처
   - ② LIFE 태그
   - ③ 미니어처 확대
   - ④ 아트 팔레트

3. 아트 팔레트에서 '거실2.jpg' 사진을 업로드하여 사진에 맞는 작품이나 소품들을 찾아보세요.

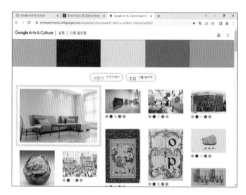

4. LIFE 태그에서 'ribbon'을 검색하여 이미지를 찾아보세요.

08

구글
아트 앤 컬처 2

구글 아트 앤 컬처는 기술과 예술이 만난 살아 있는 체험형 미술관입니다. 앱을 다운로드 하거나 웹 사이트를 방문하면 2000개가 넘는 박물관, 미술관, 컬렉션을 만나볼 수 있습니다. 앱을 사용하면 좀 더 예술과 실생활이 가까워질 수 있습니다. 누구나, 어디에서나 가상 갤러리를 둘러볼 수 있고, 증강현실로 예술작품을 실물 크기로 감상할 수도 있습니다.

학습목표
- 구글 아트 앤 컬처 앱의 카메라로 AR 체험을 할 수 있습니다.
- 구글 아트 앤 컬처 앱으로 360°로 문화 체험을 할 수 있습니다.
- AR 체험을 통해 예술작품과 좀 더 가까워질 수 있습니다.

미리보기

▲ Art Filter

▲ Art Transfer

▲ Pocket Gallery

Step 01 、 구글 아트 앤 컬처 앱

스마트폰에서 즐기는 구글 아트 앤 컬처

구글 아트 앤 컬처(Google Arts & Culture) 앱은 증강현실(AR), AI 기술 등 최신 기술을 더하여 교육적이고 재미있는 예술 경험을 제공하고 있습니다. 스마트폰의 카메라로 촬영한 평범한 사진에 반 고흐 예술작품 같은 느낌을 주는 앱으로, 이는 인공지능이 분석하여 명화처럼 바꿔 주는 것입니다.

❶ 구글 아트 앤 컬처의 기능을 모아 놓은 곳으로 추천하는 테마나 지역의 작품, 게임 등을 보여 줍니다.

❷ 작품을 작가, 재료, 화파 등 다양한 카테고리로 분류하여 보여 줍니다.

❸ Art Selfie, Pet Portraits, Art Transfer 등 재미있는 기능과 카메라를 활용하여 예술작품을 색다르게 경험할 수 있습니다.

❹ 즐겨찾기에 추가하고 공유할 컬렉션을 만들려면 회원가입 후 로그인을 해야 합니다.

❺ 구글 아트 앤 컬처가 개발한 퍼즐이나 퀴즈 등을 보여 줍니다.

❻ 구글 번역이 내장되어 있어 터치하면 모든 앱 콘텐츠를 한국어로 볼 수 있습니다.

❼ 구글 아트 앤 컬처와 파트너인 박물관, 미술관은 물론 작품까지 검색할 수 있습니다.

❽ 구글 크롬 캐스트가 내장된 TV와 연결할 수 있습니다.

Step 02 · 구글 아트 앤 컬처 앱 설치하고 둘러보기

구글 아트 앤 컬처 앱 설치하기

1 홈 화면에서 [Play 스토어 ▶] 앱을 터치합니다. Google play 검색창에 '구글 아트 앤 컬처'라고 입력합니다. 검색 목록에서 'Google Arts & Culture'를 터치한 후 [설치] 버튼을 터치하여 설치합니다. 설치가 완료되면 [열기] 버튼을 클릭합니다.

💡 안드로이드 폰을 기준으로 설명합니다.

> **TIP** 구글 아트 앤 컬처가 설치된 후에는 [Arts & Culture◎] 앱을 홈 화면이나 앱스 화면에서 터치하여 실행합니다.

2 구글 아트 앤 컬처는 기본적으로 영어로 되어 있습니다. [Google 번역]을 터치하여 한국어로 번역한 후 사용합니다. '추천 콘텐츠 등 알아보기'는 [아니오] 또는 [사용]을 터치합니다.

구글 아트 앤 컬처 앱의 찾아보기에서 실험작 찾기

1 하단에서 ⊘를 터치한 후 하이라이트 부분에서 [EXPERIMENTS]를 터치한 후 [3D Pottery]를 터치합니다.

> 예술과 문화를 접목하여 인공지능으로 만들어진 실험작을 PC에서뿐만 아니라 구글 아트 앤 컬처 앱에서도 체험할 수 있습니다.

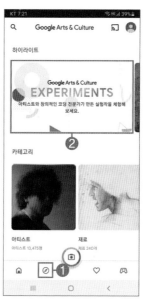

2 3D로 도자기를 만들어보는 게임을 시작해 보겠습니다. [게임 플레이] 버튼을 터치한 후 [Start in 3D] 버튼을 터치합니다.

3 만들 도자기의 [Recreate this pot] 버튼을 터치합니다. [Let's go]를 터치하여 선택한 도자기 만들기를 시작합니다.

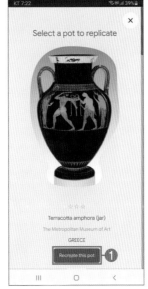

4 왼쪽 하단에서 만드는 방법을 알려줍니다. 점토로 도자기를 만들기 위해 손가락을 바닥쪽으로 드래그합니다. 손가락으로 문질러서 도자기의 모양을 만듭니다.

5 오른쪽 상단의 회전하는 도자기를 모양을 보면서 만들어 갑니다. 도자기 상단의 홀쭉한 부분을 만들기 위해 손가락으로 상단 부분을 드래드하여 모양을 만들어 줍니다. 모양이 만들어졌으면 [Finish sculpting] 버튼을 터치합니다. 왼쪽 하단에 도자기의 옆 부분을 드래그하여 손잡이를 그리라고 방법이 표시됩니다.

6 손잡이를 드래그하여 그린 후 [Duplicate handle] 버튼을 터치하여 반대쪽 손잡이를 만들어 줍니다. [Next] 버튼을 터치합니다.

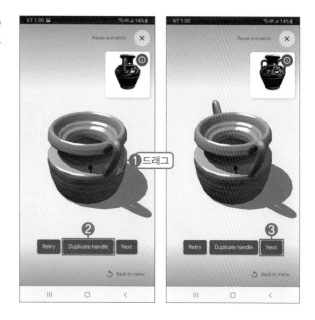

7 왼쪽에서 색상을 선택한 후 도자기 위에서 터치해 칠해 줍니다. 완성되면 [Finish painting] 버튼을 터치합니다. 포인트 점수가 표시됩니다. [공유]를 터치하여 다른 사람과 공유할 수도 있습니다.

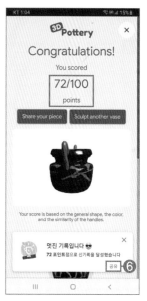

구글 아트 앤 컬처 앱의 찾아보기에서 360° 동영상 감상하기

1 하단에서 ⊘를 터치한 후 하이라이트 부분을 오른쪽으로 스크롤하여 [360° 동영상]을 터치합니다. 360° 동영상 중 'Bruegel: 반란군 천사들과의 몰락' 작품을 터치합니다.

2 미술관에 입장한듯한 동영상이 재생됩니다. 스마트폰 화면을 터치하는 대로 전시관의 모습을 볼 수 있습니다. 모든 각도에서 작품을 감상할 수 있고, 세부 사항과 설명을 들을 수 있습니다. 마치 VR을 체험하는 것 같습니다. 창을 닫습니다.

구글 아트 앤 컬처 앱으로 예술작품과 친해지기

Art Filter: 내 얼굴을 유명 작품으로 만들기

Art Filter에서 제공하는 필터 중 하나를 선택하고 카메라에 내 얼굴을 비추면 머리 위치, 표정 등을 읽어 예술작품을 내 얼굴에 씌워 줍니다. 사용자가 선택한 작품 필터에 관한 정보도 볼 수 있어 예술작품을 쉽게 이해할 수 있습니다.

1 홈 화면 하단의 ◉를 터치한 후 사진을 촬영하고 동영상을 녹화하도록 허용하겠냐는 물음에 [허용]을 터치합니다. 하단의 여러 아이콘 중 🎭(Art Filter)를 선택한 후 터치합니다. Art Filter에 관한 설명을 읽고 [확인] 버튼을 터치합니다.

2 전면 카메라가 실행되면서 사용자 얼굴이 나타납니다. 체험을 위해 하단의 인공물 중 를 선택합니다. 선택한 인공물을 필터로 사용하기 위해 [필터 사용해 보기] 버튼을 터치합니다. 표정을 바꾸면 필터가 씌워진 작품도 따라 바뀝니다. 현재 이미지를 저장하기 위해 ○를 터치합니다.

TIP 적용할 필터의 작품에 관한 정보를 얻고 싶으면 [작품 보기]를 터치합니다. 작품명과 작품 연도를 확인할 수 있고, 작품을 확대, 증강현실(AR)로 보기, 스트리트 뷰 보기로도 볼 수 있습니다.

3 Art Filter로 만든 작품이 저장됨을 알리는 창이 나타납니다. [공유]를 터치하면 아래쪽에 공유 가능 앱이 나타나는데, 선택하여 학생들과 공유해 봅니다.

Art Selfie: 닮은꼴 초상화 찾기

Art Selfie는 파트너 박물관에서 제공한 예술작품과 사용자의 셀카를 비교하여 닮은 예술작품을 보여 줍니다. 셀카를 찍을 때마다 다른 작품을 보여 주므로 정확성보다는 재미로 해보는 것이 좋습니다.

1 닮은꼴 초상화를 찾기 위해 ◎(Art Selfie)를 선택한 후 터치합니다. 셀카로 검색하기 창이 나타나면 [시작하기]를 터치합니다.

💡 셀카는 예술작품을 찾는 데만 사용되고 있음을 알리고 있습니다.

2 사각형 안에 얼굴이 나오게 한 후 ◎를 터치합니다. 그러면 AI가 사진과 예술작품을 비교하여 비슷한 작품을 찾기 시작합니다.

3 분석이 끝나면 닮은꼴 작품이 표시됩니다. 내 얼굴과 작품을 비교할 수 있게 표시되고, 닮은 비율과 작품명을 보여 줍니다. 드래그 하면 다른 닮은꼴 작품을 볼 수 있습니다.

4 마음에 드는 작품이 있으면 아래쪽의 [저장]을 터치합니다. 저장한 후 작품에 대해서 더 알고 싶으면 작품을 터치합니다. [예술작품 보기]를 터치하면 예술작품을 자세히 알아 볼 수 있습니다.

TIP
Pet Portraits 🐾
Pet Portraits는 애완동물 사진과 비슷한 예술작품을 찾아 줍니다. Art Selfie와 비슷한 기능입니다.

Art Transfer: 사진을 촬영해 예술작품으로 바꾸기

Art Transfer는 촬영한 사진이나 기존 사진을 업로드하고 인상주의, 현대미술, 유명 인물의 화풍, 추상/패턴 등 스타일을 선택하면 구글이 AI 기술을 활용하여 사진을 예술작품처럼 바꿔 줍니다.

1 사진을 예술작품으로 바꿔보기 위해 🤖(Art Transfer)를 선택한 후 터치합니다. 카메라 기능이 활성화되면 화면에 비춘 피사체를 찍기 위해 먼저 🔄 를 터치하여 후면 카메라로 전환하고 촬영합니다.

2 적용할 스타일을 선택합니다. 사진에 작품 스타일이 적용되면서 작품의 설명이 나타나는데 읽고 작품에 대해서 이해합니다. 스타일이 적용된 작품을 감상하고 ⚙를 터치합니다.

3 사진에 스타일을 적용해 보겠습니다. 먼저 사진 위에서 도형을 그립니다. 여기서는 동그라미를 그려 봅니다.

도형 그리기

4 도형 안에 스타일이 적용됩니다. ⓞ를 터치하면 반전시켜 적용할 수 있습니다. 상단의 [GIF]를 터치하여 스타일이 변경되는 움직이는 이미지로 만듭니다. GIF 파일을 공유하기 위해 [공유]를 터치합니다.

5 하단의 [저장]을 터치하여 파일을 저장하거
나 [공유]를 터치하여 다른 사람들과 공유합
니다.

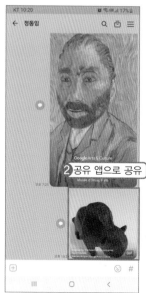

Art Transfer: 사진을 불러와 예술작품으로 바꾸기

1 ◻를 터치하여 갤러리에서 사진을 불러옵
니다.

2 적용할 스타일을 선택한 후 스타일이 적용
되면 [공유]를 터치합니다.

3 스타일이 적용된 사진을 [저장] 또는 [공유]
를 터치하여 저장하거나 공유합니다.

Pocket Gallery: 집안의 AR 갤러리

Pocket Gallery는 AR(증강현실) 서비스로 눈앞에 펼쳐진 AR 미술관에서 작품을 감상할 수 있습니다. 눈 앞에 펼쳐진 AR 미술관에 들어가면 실제 미술관처럼 작품들이 걸려 있습니다. 작품에 가까이 가면 작품 설명을 들을 수도 있고, 글로 읽을 수도 있습니다.

1 사용자가 있는 곳을 갤러리로 바꿔 주는 (Pocket Gallery)를 선택한 후 터치합니다. 하단의 갤러리 중 불러올 갤러리의 [다운로드]를 터치합니다. 스마트폰으로 평평하고 밝은 표면을 가리킨 후 천천히 기기를 움직입니다.

> **TIP** **증강현실(Augmented Reality)**
> 현실의 이미지나 배경에 3차원 가상 이미지를 겹쳐서 하나의 영상으로 보여 주는 기술입니다. 가상현실(Virtual Reality)은 이미지, 주변 배경, 객체 모두를 가상의 이미지로 만들어 보여 주지만, 증강현실은 스마트폰, 태블릿PC 또는 안경 형태 등의 기기를 통해 추가되는 정보만 가상으로 만들어 보여 줍니다.

2 바닥에 하얀 점이 강조점으로 나타납니다. 하단의 다운로드된 갤러리를 터치하거나 강조점으로 드래그합니다. 바닥에 선택한 AR 갤러리가 보이면 [시작하기] 버튼을 터치합니다.

3 눈앞에 펼쳐진 AR 갤러리에 들어가면 오디오와 텍스트로 환영 인사와 설명을 들을 수 있습니다. AR 갤러리는 오디오까지 들을 수 있는 곳에서 시작하는 것이 좋습니다. 이제 갤러리로 입장해 보고 싶은 작품을 두 번 탭합니다.

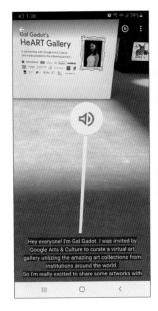

4 큐레이터가 음성으로 작품에 관하여 설명합니다. 아래쪽에는 작품에 대한 설명 창이 나타납니다. 작품 설명 창을 스크롤하여 자세히 볼 수 있습니다. 같은 방법으로 다른 작품들도 감상하고 갤러리를 종료합니다.

TIP **Art Projector** 🔘
Art Projector도 AR 기술을 활용한 것으로 미술품을 선택하면 실제 크기로 감상할 수 있습니다.

 **이렇게 수업하세요!**

Pocket gallery에는 다운로드할 수 있는 갤러리가 많습니다. 모둠별로 체험하고 싶은 갤러리를 정하고 갤러리에서 전시하는 작품을 사전 조사한 후 Pocket gallery를 통해 발표합니다. 미술관이나 박물관 현장 학습이 어려울 때 활용할 수 있습니다.

파트너 박물관이나 전시관, 미술관을 직접 검색하여 감상할 수도 있습니다. 또한, ◉(Art Projector)에 서는 Art Projector 내에서 제공하는 미술품에 한정하여 AR을 활용하여 실제 크기로 감상할 수 있지만, 스마트폰만 있으면 직접 검색한 작품을 AR을 활용하여 실제 크기로 언제 어디서나 볼 수 있습니다.

❶ Arts & Culture ◉ 앱을 실행한 후 홈 화면에서 🔍를 터치하면 전시관이나 미술작품을 직접 검색할 수 있습니다. 'Monet'라고 입력하여 모네 작품을 검색합니다.

❷ 모네와 관련된 컬렉션, 스토리, 박물관 뷰 등 다양하게 검색됩니다. 모네 작품 항목 중 하나를 터치합니다. 작품이 크게 보여지고, 아래쪽에 볼 수 있는 여러 메뉴가 있습니다. [스트리트 뷰로 보기]를 터치합니다.

💡 작품에 따라 감상할 수 있는 메뉴가 다릅니다.

❸ 미술관에 직접 가서 작품을 보는 것처럼 감상할 수 있습니다. 화살표를 터치해서 보이는 작품들이 아래쪽에 나타납니다. 작품을 선택하면 크게 볼 수 있고, 작품 설명도 확인할 수 있습니다. 이전 화면으로 다시 이동합니다.

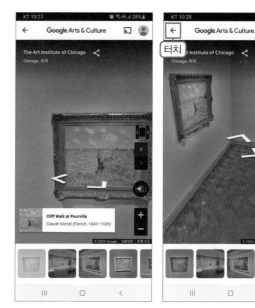

❹ [증강현실로 보기]를 터치합니다. 작품명과 전시 기관이 나타나며 예술작품을 눈앞에서 실제 크기로 확인할 수 있는 Art Projector로 연결할 수 있습니다. [Art Projector 시작] 버튼을 터치합니다.

❺ 카메라를 바닥을 가리키고 원 모양으로 움직이면 바닥에 강조점이 나타납니다. 아래쪽의 예술작품을 선택하거나 강조점으로 드래그하여 예술작품을 스탠드 위로 놓습니다. 현재 장소가 전시관이 되었습니다.

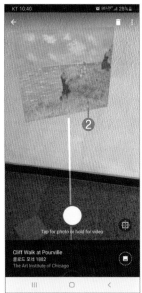

❻ 아래쪽에 작품명과 제작연도가 나타나면 ○를 터치합니다. 그러면 스탠드 위의 작품 상태로 저장됩니다. [공유]를 터치하여 다른 사람과 공유할 수 있습니다.

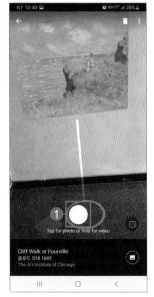
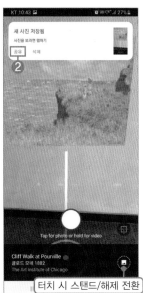

1. **구글 아트 앤 컬처(Google Arts & Culture) 앱**
증강현실(AR), 인공지능 기술 등 최신 기술을 더하여 교육적이고 재미있는 예술 경험을 제공합니다.

2. **360° 동영상**
ⓘ를 터치한 후 하이라이트 부분에서 [360° 동영상]을 터치하면 전시관, 작품을 360° 동영상으로 제공합니다. 원하는 동영상을 클릭하여 전시관 내부와 작품을 마치 VR처럼 여러 각도에서 감상할 수 있습니다.

3. **Art Filter** 👁
Art Filter에서 제공하는 작품 필터 중 하나를 선택하면 카메라에 비추는 내 얼굴에 필터를 씌워 줍니다. 선택한 작품 필터에 관한 정보도 볼 수 있어 예술작품을 쉽게 이해할 수 있습니다.

4. **Art Selfier** ◎
파트너 박물관에서 제공한 예술작품과 사용자의 셀카를 비교하여 닮은 예술작품을 찾아 주고, 셀카와 작품의 닮은 비율을 보여 줍니다. 작품과 사용자가 닮았는지 살펴보고, 해당 초상화에 대해서 찾아볼 수 있습니다.

5. **Art Transfer** 🎨
사진을 찍거나 기존 사진을 업로드하면 작품 스타일 중 하나를 선택하여 인공지능 기술을 활용하여 사진을 예술작품처럼 바꿔 줍니다. 예술작품이 된 사진 위에서 도형을 그려서 해당 부분에만 작품 스타일을 적용할 수도 있고, 여러 사람에게 공유할 수도 있습니다.

6. **Art Projector** 📷
AR 기술을 활용한 것으로 언제, 어디서나 장소에 상관없이 작품을 실제 크기로 불러와 감상할 수 있습니다.

Quiz

1. 내 얼굴과 닮은 작품을 찾아 주는 기능은 무엇일까요?
   ① Art Filter　　　　　　　② Art Selfier
   ③ Art Transfer　　　　　 ④ Art Projector

2. 사용자가 있는 곳을 AR 갤러리로 바꿔 주는 것은 무엇일까요?
   ①　　　　　②　　　　　③　　　　　④

3. 다음처럼 Pet Portraits 로 애완동물의 사진을 찍어서 닮은 사진을 찾아보세요.

4. 다음처럼 Art Projector 에서 '진주 귀걸이를 한 소녀' 작품을 현재 있는 장소에서 스탠드 없이 불러와 보세요.

'클로바노트'를 사용하면 회의록, 통화 녹음 등 원하는 음성 녹음을 바로 텍스트로 변환하여 기록할 수 있습니다. 회의록이나 일반 대화는 물론 특히 통화 녹음은 상대방에게 승낙을 받아야 합니다. 인공지능 기술의 발전으로 클로바노트만 있으면 회의록을 작성할 때 참석자 목소리까지 분석하여 참석자별로 나눈 얘기를 기록해 줍니다.

텍스트를 음성으로 변환하고 싶을 때는 '클로바더빙'을 사용할 수 있습니다. 클로바더빙을 사용할 때는 반드시 출처를 밝혀야 합니다.

학습목표	• 클로바노트는 인공지능 기술을 활용한 음성 기록 관리 서비스입니다. • 녹음 파일을 자동으로 녹취록으로 변환하고, 필요한 자료도 바로 찾을 수 있습니다. • 다양한 AI 보이스를 사용하여 텍스트를 음성으로 변환해 주는 클로바더빙으로 텍스트를 음성으로 변환할 수 있습니다.

실습 예제	• 준비파일: 실과바느질.pdf • 결과파일: 실과바느질.mp4, 과학토론교실.aac, 과학토론교실.txt

미리보기

▲ 클로바노트   ▲ 클로바더빙

Step 01 ╲ 내 동작을 감지하는 인공지능

클로바노트(Clova Note)

클로바노트는 딥러닝 기술을 활용한 AI 음성 기록 서비스로, 녹음된 음성을 텍스트로 변환하는 STT(Speech-To-Text) 서비스입니다. 이 서비스는 네이버가 자체 개발한 AI '하이퍼클로바' 기반의 음성 인식 기술과 화자 인식 기술이 적용돼 정확한 음성 인식과 화자 구분이 가능합니다. 하이퍼클로바는 한국어 데이터를 6,500배 이상 학습하는 등 '한국어 최적화'가 가장 큰 장점으로 꼽히며, 이런 학습 효과가 클로바노트에 적용되어 음성 기록 변환의 정확성을 높일 수 있었습니다.

클로바노트는 녹음된 음성을 텍스트로 변환해 주어 회의록이나 강의 노트 등 실생활에서 좋은 반응을 얻고 있습니다. 음성 기록을 텍스트로 변환하는 것은 물론 참석자의 목소리를 구분하여 텍스트로 변환해 줍니다. 한국어, 영어, 일본어, 중국어 중 원하는 언어를 선택하면 클로바노트가 해당 언어로 음성을 기록합니다.

이 밖에 클로바노트는 다른 사람에게 노트 공유하기, 중요한 내용 북마크 표시, 녹음 중 메모, 주요 키워드 자동 생성 등 여러 가지 기능을 서비스하고 있어 실생활에서 유용하게 활용되고 있습니다.

STT(Speech-To-Text)

사람의 음성 인터페이스를 통해 텍스트 데이터를 추출하는 것으로, 현재 다양한 플랫폼과 서비스에 상용화되어 보다 쉽게 접할 수 있습니다. 다양한 화자들이 발성한 음성들을 통계적으로 모델링하여 음향모델을 구성하며, 말뭉치 수집을 통하여 언어모델을 구성하고 있습니다.

클로바노트의 특장점

- 녹음은 한 번에 최대 90분까지 할 수 있습니다.
- 한국어, 영어, 일본어, 중국어 중 원하는 언어를 선택하여 사용할 수 있습니다(특히 한국어에 특화되어 있습니다).
- 현재 매달 300분 무료 사용을 제공하고, 300분을 모두 사용한 후에도 앱에서 녹음은 무제한으로 이용할 수 있습니다.
- 사용 시간은 매달 새로 갱신됩니다.
- 서비스 품질 향상 동의를 할 경우 매월 300분의 추가 사용 시간이 더 지급되어 총 600분씩 사용할 수 있습니다.

▲ 언어 선택

▲ 테이터 수집 동의

클로바더빙(Clova Dubbing)

다양한 AI 보이스를 사용하여 텍스트를 음성으로 변환해 주는 서비스로, 동영상이나 PDF 파일을 업로드하고 텍스트를 입력하면 음성이 포함된 영상으로 제작할 수 있습니다. 무료 사용량은 매월 1일에 갱신되며, 매월 지급되는 사용량을 소진하면 추가 제공이 불가합니다.

프로젝트 수/누적	5개
다운로드 수/월	20회
글자 수 / 월	15,000자
출처 표기	필수

※ 변경 가능성 있음

주의할 점은 클로바더빙으로 제작한 콘텐츠에는 워터마크나 자막으로 반드시 출처를 표기해야 한다는 것입니다. 유튜브 등 동영상 플랫폼에 게시할 때는 제목에도 출처를 포함해야 합니다.

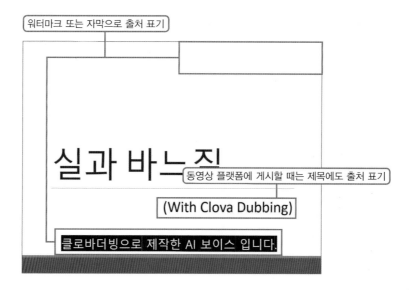

클로바노트로 회의록 녹취하기

클로바노트 설치하고 실행하기

1 스마트폰 홈 화면에서 [Play 스토어 ▶] 앱을 실행하고 검색 창에서 '클로바노트'를 검색한 후 설치합니다. 설치가 완료되면 [열기] 버튼을 터치합니다.

> 클로바노트를 설치한 후에는 홈 화면이나 앱스 화면에서 [클로바노트 ▣] 앱을 터치하여 실행합니다.

TIP **클로바노트 로그인**

일반 사용자는 [로그인] 버튼을 터치하여 네이버 계정으로 로그인을 합니다. 학교 또는 기관의 교육자분들은 '웨일 스페이스 계정이신가요?' 부분을 터치하여 학교 또는 기관 이메일 계정으로 로그인하여 클로바노트를 사용합니다.

웨일 스페이스 계정으로 로그인

2 사용자의 네이버 계정이나 웨일 스페이스
계정으로 로그인합니다. [약관 동의] 화면이
나오면 [필수] 항목만 선택하고 [동의]를 터
치합니다.

3 클로바노트 접근 권한 허용 창에서 [허용]을
터치하면 새 노트를 작성할 수 있는 클로바
노트의 첫 화면이 나타납니다.

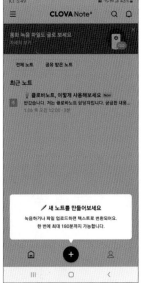

🤖 클로바노트의 새 노트 생성하기

1 새 노트를 생성하기 위해 ⊕를 터치한 후
[음성 녹음 •]을 터치하여 녹음을 시작합
니다.

2 녹음 중 중요한 순간에 ⊕를 터치하여 북마
크를 하면 녹음 후에 중요한 순간을 찾기 쉽
습니다. 녹음을 끝내려면 ⊕를 터치합니다.

3 녹음을 종료할지 묻는 창이 뜨면 [네]를 터치합니다. 음성 종류 선택 창에서 종류를 선택하고 [확인]을 터치하면 참석자 분석에 도움이 됩니다.

TIP

참석자 수 선택

AI가 더 정확한 참석자 분석을 하기 위해 음성의 종류를 선택한 후 참석자 수를 선택하는 창이 나타날 때가 있는데, 정확한 분석을 위해 참석자 수를 선택하는 것이 좋습니다.

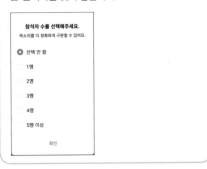

4 AI가 참석자를 분석하고 인원수를 감지하여 녹취록에 자동으로 나타납니다. 아래쪽에서 ▶를 터치하면 녹음된 음성을 들을 수 있습니다.

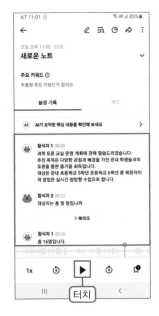

새 노트 제목과 참석자명 변경

1 노트의 제목 부분을 터치하면 제목 편집 모드가 되고 아래쪽에 키보드가 나타나 제목을 수정할 수 있습니다.

2 참석자의 이름을 변경할 때는 참석자를 길게 터치하고 팝업 메뉴에서 [참석자 변경]을 터치하면 아래쪽에 '선택한 참석자로 변경' 창이 나타납니다. '전체 구간'을 선택하고, 직접 입력을 터치하여 참석자명을 입력합니다. 전체 구간에서 '참석자'의 이름이 변경되었습니다. '참석자2'도 같은 방법으로 변경합니다.

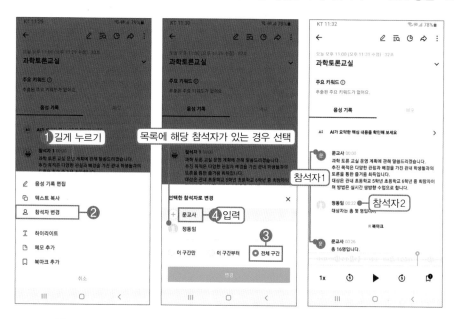

🤖 녹취록 텍스트 편집

1 ▶를 터치하면 녹음된 음성을 들어볼 수 있습니다. 녹취록 중 잘못 녹음된 곳이 있으면 ✎를 터치하여 편집할 곳을 수정한 후 [저장]을 터치합니다.

> 💡 음성 기록 중 직접 편집할 곳을 길게 누르고 팝업 메뉴에서 [음성 기록 편집]을 터치해도 해당 기록을 편집할 수 있습니다.

2 대화 중 중요 부분에 하이라이트를 표시하기 위해 편집할 곳을 길게 터치한 후 팝업 메뉴에서 [하이라이트]를 터치합니다. 하이라이트 할 부분을 드래그하여 지정한 후 [하이라이트 추가]를 터치합니다. 해당 부분에 하이라이트가 추가됩니다.

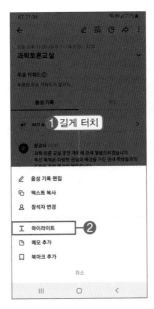

3 음성 기록 중 메모를 추가하고 싶은 곳을 길게 터치한 후 팝업 메뉴에서 [메모 추가]를 터치합니다. 메모 내용을 입력한 후 [저장]을 터치합니다.

텍스트 검색과 음성 파일 다운로드

1 를 터치한 후 검색어를 입력하면 음성 기록 중 해당 단어가 주황색으로 표시됩니다.

2 음성 기록이나 음성 파일 자체를 다운로드
하려면 ┇를 터치합니다. [음성 기록 다운로
드]나 [음성 파일 다운로드]를 터치하면 다
운로드 한 후 음성 파일이 저장된 폴더를
알림 창으로 보여 줍니다.

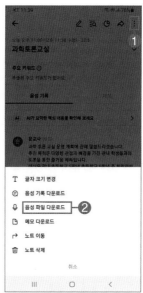

🤖 노트 공유 기능

1 회의 참석자에게 노트를 공유하기 위해
↗를 터치한 후 아래쪽에 노트 공유 창이
나타나면 [링크 만들기]를 터치합니다. 노트
의 공유 링크는 비밀번호와 함께 전달되며,
유효기간은 최소 7일부터 최대 1년까지 설정
할 수 있습니다. [복사]를 터치하여 공유 링
크를 복사해 공유할 수도 있고, [공유하기]
버튼을 터치하여 원하는 앱을 선택해 공유
할 수도 있습니다.

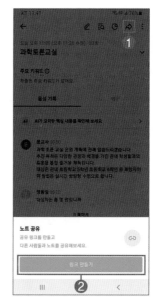

2 메일로 공유 링크를 받은 사람은 해당 링크를 터치합니다. 그러면 클로바노트가 실행되고, 노트 비밀번호를 입력하라고 표시됩니다. 함께 보내준 비밀번호를 입력한 후 [확인] 버튼을 터치합니다.

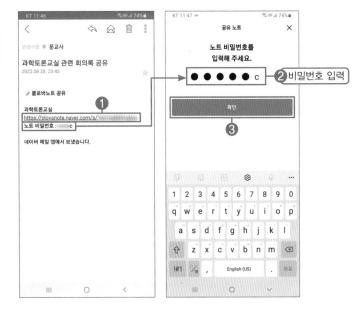

3 공유 받은 노트를 확인할 수 있습니다. 공유 받은 노트는 편집이나 메모를 작성할 수 없고 '공유 받은 노트'에 자동 저장됩니다.

TIP **공유 받은 노트와 공유 노트**

공유 받은 노트는 클로바노트 홈 화면에 나타나지 않고 [공유 받은 노트] 버튼을 터치해야 볼 수 있습니다. 공유한 사람의 공유 노트 창에서 [공유 계정]을 탭하여 내 공유 노트에 접근한 사람의 계정을 확인할 수 있습니다.

▲ 공유 받은 노트　　　▲ 공유한 노트의 공유 계정

Step 03 \ 클로바더빙으로 PDF 문서에 AI 성우 더빙 입히기

클로바더빙에 접속하기

1 클로바더빙 사이트에 접속하여 [무료로 시작하기]를 클릭합니다.

> **URL** 클로바더빙
> https://clovadubbing.naver.com

2 네이버 계정으로 로그인합니다. 네이버 계정이 없으면 회원가입 후 로그인합니다.

🤖 PDF 파일에 더빙하기

1 ➕를 터치하여 새 프로젝트를 생성합니다. 프로젝트명을 입력한 후 [생성]을 클릭합니다.

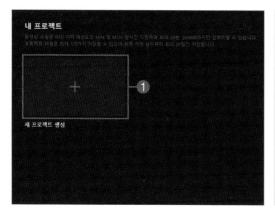
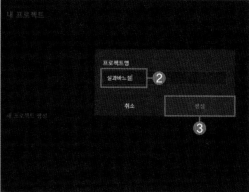

2 더빙할 동영상을 만들기 위해 [동영상 추가] 버튼을 클릭하여 동영상을 추가하거나 [PDF/이미지 추가] 버튼을 클릭하여 PDF 파일을 불러옵니다. 여기서는 [PDF/이미지 추가] 버튼을 클릭합니다.

3 [열기] 대화상자에서 PDF 파일 '실과바느질'을 불러옵니다.

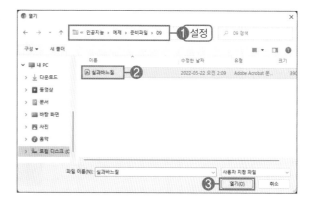

4 PDF의 매 쪽마다 4초 가량의 분량으로 타임라인에 생성된 것을 확인할 수 있습니다. 더빙할 보이스를 확인하기 위해 오른쪽 상단의 [전체 보이스]를 클릭합니다.

5 Ai가 텍스트를 음성으로 변환하는 것을 설정할 수 있습니다. 카테고리를 선택하고, 프로젝트에 사용할 보이스를 선택한 후 아래쪽에 '실과 바느질'이라고 입력합니다. [미리 듣기] 버튼을 클릭하여 선택한 보이스를 확인하고 마음에 들면 앞쪽에 ■를 클릭하여 즐겨찾기에 추가합니다. 전체 보이스 창을 닫습니다.

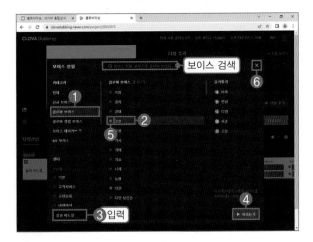

6 타임라인에서 1장면(1쪽)을 선택한 후 텍스트 입력 창에 '실과 바느질'이라고 입력합니다. 보이스는 새로 추가한 '고은'으로 설정하고 [미리 듣기] 버튼을 클릭하여 보이스를 들어본 후 [더빙 추가] 버튼을 클릭합니다.

7 해당 장면에 더빙이 추가되었습니다. 추가된 더빙은 방향키나 마우스로 드래그하여 위치를 설정할 수 있습니다. 방향키를 사용해서 더빙 위치를 조정해 줍니다.

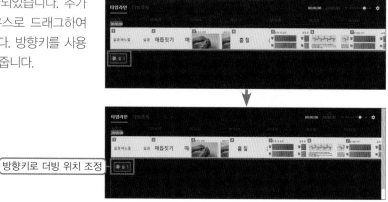

방향키로 더빙 위치 조정

TIP 타임라인의 더빙 ████을 선택하여 다른 보이스로 변경할 수도 있고, 텍스트를 수정할 수도 있습니다. 또한, 더빙을 다운로드하거나 삭제할 수도 있습니다.

드래그하면 장면의 시간 조정

다운로드

보이스 선택   텍스트 수정   삭제

8 다른 장면에도 같은 방법으로 더빙을 추가합니다.

[프로젝트 저장] 버튼을 클릭하여 저장합니다. PDF 파일에 더빙한 동영상을 다운로드하려면 [다운로드] 버튼을 클릭합니다.

> 💡 프로젝트로 저장해야 클로바더빙에 로그인한 후 저장된 프로젝트를 불러와서 수정하거나 다시 다운로드 할 수 있습니다.
> 프로젝트 파일은 최대 5개까지 저장되며 최종 저장일부터 최대 30일간 보관됩니다.

🤖 더빙한 동영상에 출처 밝히기

1 클로바더빙을 활용한 콘텐츠를 사용할 때는 반드시 출처를 표기해야 한다는 안내 창에 '위 내용을 확인하였습니다.'에 체크하고 [확인]을 클릭합니다.

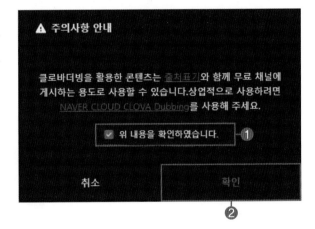

2 다운로드 창에서 [영상 파일]을 선택합니다. 이때, 클로바더빙의 합성음을 사용할 때 워터마크나 자막으로 출처를 밝힐 수 있는 '워터마크 다운로드'를 클릭하여 다운로드 해 놓습니다.

3 다운로드 한 영상을 확인해 보면 PDF 파일에 텍스트가 더빙되어 있고 클로바더빙 출처가 포함되어 있습니다.

이렇게 수업하세요!

학급회의 회의록을 기록할 때 클로바노트를 사용해 봅니다. 또한, 국어 수업 때 희극이나 시 낭송에 필요한 자료를 클로바더빙에서 하면 여러 성우의 목소리로 녹음할 수 있어 학생들이 훨씬 재미있게 수업에 참여하게 됩니다.

Key Point

1. **클로바노트(Clova Note)**
   딥러닝 기술을 활용한 AI 음성 기록 서비스입니다.

2. 클로바노트는 매달 300분의 무료 사용 시간을 제공하며, 녹음은 한 번에 최대 90분까지 할 수 있습니다.

3. 클로바노트는 한국어, 영어, 일본어, 중국어 중 원하는 언어를 설정하여 녹음한 후 텍스트로 변환할 수 있습니다.

4. 회의 등을 기록하려면 클로바노트에서 ⊕를 터치한 후 [음성 녹음 •]을 터치하여 녹음을 시작합니다. 녹음을 종료할 때는 ⏹를 터치합니다. 자동으로 참석자 목소리를 분석하여 텍스트로 변환하여 기록됩니다.

5. **클로바더빙(Clova Dubbing)**
   다양한 AI 보이스를 사용하여 텍스트를 음성으로 변환하는 무료 서비스입니다. 매월 1일 사용량이 갱신되며 지급된 사용량을 소진하면 추가 제공되지 않습니다.
   `URL https://clovadubbing.naver.com`

6. 클로바더빙에서는 동영상이나 PDF 파일을 업로드 한 후 각 쪽마다 텍스트를 입력하면 인공지능 보이스로 더빙을 추가할 수 있습니다. 페이지마다 더빙을 추가한 후에 동영상으로 만들 수 있으며, 반드시 출처를 표기해야 합니다.

7. 클로바더빙에서 만든 동영상을 유튜브 등의 동영상 플랫폼에 게시할 때는 클로바더빙의 워터마크나 자막에 출처를 표시하고, 또한 제목에도 출처를 밝혀야 합니다.

1. 딥러닝 기술을 활용한 AI 음성 기록 서비스는 무엇일까요?

   ① 구글 어시스턴트   ② 퀵드로우

   ③ 오토드로우   ④ 네이버 클로바노트

2. 다음 괄호 안에 들어갈 말이 차례대로 된 것은 어느 것일까요?

   > 클로바더빙(Clova Dubbing)은 다양한 AI 보이스를 사용하여 (　　　)를 (　　　)으로 변환하는 무료 서비스입니다.

   ① 음성, 텍스트   ② 텍스트, 음성

   ③ 동영상, 음성   ④ 음성, 동영상

3. 다음 글을 클로바노트에서 여러 사람의 목소리로 변조하여 녹음해 봅시다. 녹음한 음성을 들어본 후 수정할 곳이 있으면 텍스트 편집을 해 봅니다. 음성 기록과 음성 파일도 다운로드 해 봅니다.

   > 멍멍이: 어, 이게 뭘까?
   >
   > 내레이션: 숲길을 가던 멍멍이가 네모난 보자기를 하나 주웠어요.
   >
   > 멍멍이: 아, 엄마처럼 머리에 쓰면 되겠네.
   >
   > 내레이션: 토끼도 지나가다 보자기를 보았지요.
   >
   > 토끼: 참 예쁘다. 그런데 보자기를 앞치마로 두르면 더 좋겠다.

4. 클로바더빙에서 '고양이.pdf' 파일을 불러와 다음 텍스트를 더빙하여 영상 파일을 만들어보세요. '고양이'라는 프로젝트 파일도 저장해 봅니다. 단, '다인' 목소리로 더빙을 추가합니다.

   > 고양이는 외롭게 혼자 있어요.

10

다이얼로그플로우

챗봇(Chatbot)은 메신저에서 일상 언어로 대화할 수 있는 채팅 로봇 프로그램입니다. 요즘은 홈쇼핑, 보험 회사에서 고객을 응대할 때 챗봇을 활용하는 경우가 많습니다. 구글에서 개발한 다이얼로그플로우를 사용하면 코딩을 몰라도 챗봇을 만들어 볼 수 있고, 공부할 때도 활용할 수 있습니다.

학습목표

- 코딩을 몰라도 다이얼로그플로우에서 단순 질의응답 챗봇을 만들 수 있습니다.
- 다이얼로그플로우에서 연계형 챗봇을 만들고, 엔티티로 단어를 분류할 수 있습니다.

미리보기

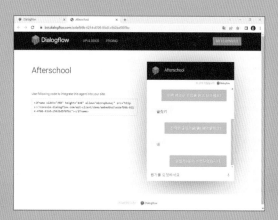

▲ 다이얼로그플로우

다이얼로그플로우 이해하기

다이얼로그플로우의 개념

다이얼로그플로우(Dialogflow)는 구글에서 개발한 챗봇 플랫폼입니다. 기존의 챗봇 플랫폼과는 달리 코딩을 지양하고, 이름 그대로 Dialog(대화)의 Flow(흐름)를 만들기만 하면 이를 통해 챗봇을 만들 수 있습니다. 다시 말해서 사용자가 인공지능 코어를 직접 개발하지 않아도 구글이 자체적으로 제공하는 자연어 처리(NLP) 기술을 이용하여 대화 구성을 하면 그게 바로 챗봇이 되는 형태입니다.

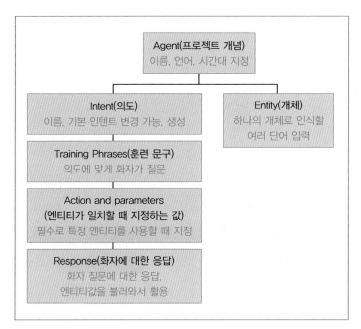

▲ 다이얼로그플로우 구성

TIP **자연어 처리(Natural Language Processing)**
일상적으로 사용하는 언어를 분석해서 처리하는 것을 뜻합니다.

다이얼로그플로우에서 챗봇을 만들 때 아래 대화처럼 하나의 프로젝트 개념의 Agent를 만들고, 실제 대화를 의미하는 Intent를 만듭니다. 대화를 이끄는 다양한 Intent 중 '안녕'이라고 인사하면 매칭되는 답변으로 Response 인사말이 표시됩니다. 만약 화자가 등록되지 않은 인사말을 하면 Fallback intent로 이해할 수 없다는 뜻의 답변이 출력됩니다. 대화를 이어가면서 기계학습이 되고, 여러 텍스트를 묶어서 하나의 개체로 나타낼 수 있는 Entity가 나타나는데 필요에 따라 Entity를 추가하여 챗봇을 만들 수 있습니다.

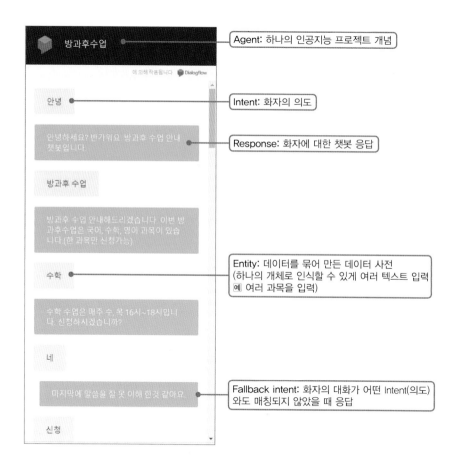

02 、 다이얼로그플로우 시작하기

1 크롬 브라우저에서 '다이얼로그플로우'를 검색한 후 검색 목록 중 [Dialogflow]를 클릭합니다.

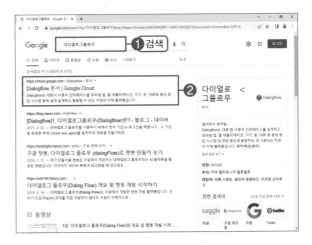

2 Dialogflow 사이트에서 [무료로 사용해 보기]를 클릭한 후 구글 계정으로 로그인합니다.

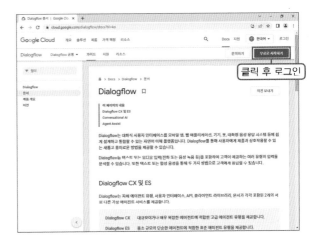

3 실제 작업에 활용할 수 있는 Google Cloud 의 $300 무료 크레딧을 90일간 사용할 수 있고, 무료 체험판이 종료되어도 자동 청구 하지 않는다는 안내문을 읽습니다. 국가, 조 직 또는 니즈를 잘 설명하는 것을 설정하고, 서비스 약관을 체크한 후 [계속] 버튼을 클 릭합니다.

4 본인 확인을 위한 연락처 정보를 입력하고 [코드 전송] 버튼을 클릭합니다. 전송받은 코드를 입력하여 본인 확인을 한 후 [확인] 버튼을 클릭합니다.

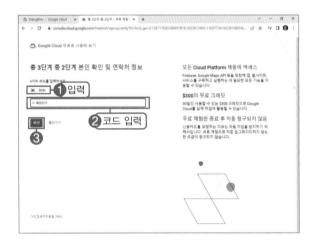

5 개인 정보를 차례로 입력하고, 신용카드 정 보를 입력한 후 [무료 평가판 시작하기] 버 튼을 클릭합니다.

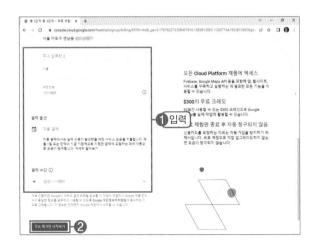

6 다이얼로그플로우에 접속합니다. 처음 접속
할 때는 서비스 약관 창이 나타나므로 읽어
보고 [수용하다]를 클릭합니다.

URL 다이얼로그플로우
`https://dialogflow.cloud.google.com`

서비스 약관 *

1 ☑ 예, 동의서를 읽었으며 동의합니다.

계속 진행하고 아래 버튼을 클릭하면 서비스 약관 준수에 동의하는 것 입니다.

또한 특정 Firebase 서비스에 액세스할 수 있습니다. 귀하는 Firebase 서비스를 사용할 때
해당 Firebase 서비스 약관을 준수하는 데 동의합니다. 이 프로젝트에서 Firebase와 앱을
통합하면 기본적으로 Firebase Analytics 데이터가 다른 Firebase 기능과 Google 제품을 항
상시킵니다. Firebase 설정에서 Firebase Analytics 데이터가 공유되는 방식을 언제든지 제
어할 수 있습니다.

2 수용하다

TIP **결제**

Google Cloud Platform의 왼쪽 메뉴에서 [결제]를 클릭하면 현재 잔여 크레딧을 확인할 수 있
습니다. 37만 원의 무료 크레딧이 생겼으나 90일 안에 사용해야 합니다.
무료 체험이 끝난 후에도 [업그레이드] 버튼을 클릭하여 유료로 변경하지 않으면 자동 결제되지
않습니다. 하지만 무료 기간에 개발한 챗봇을 실제 서비스에 사용할 경우 무료 기간이 끝나면 서
비스가 중단되므로 미리 유료로 전환해야 합니다.

🎁 무료 체험판 크레딧

₩379,721
무료 체험판 크레딧
총 크레딧: ₩379,721

89
남은 일수
종료: 2022년 8월 28일

무료 체험판 이용 중에는 요금이 청구되지 않습
니다. 무료 체험판이 종료된 후에도 프로젝트를
계속 실행하려면 유료 계정으로 업그레이드하
세요.

[업그레이드] [자세히 알아보기]

다이얼로그플로우 버전

다이얼로그플로우는 자체 에이전트 유형, 사용자 인터페이스, API, 클라이언트 라이브러리, 문서가 각각 포함된 2개의 서로
다른 가상 에이전트 서비스를 제공합니다. Dialogflow ES 버전에는 Dialogflow 체험판 버전이 포함되어 있어 처음 사용하
는 사람들은 Dialogflow ES 무료 버전을 사용합니다.

• Dialogflow CX: 대규모이거나 매우 복잡한 에이전트에 적합한 고급 에이전트 유형을 제공합니다.
• Dialogflow ES: 중소 규모의 단순한 에이전트에 적합한 표준 에이전트 유형을 제공합니다.

03 새로운 에이전트 생성하기

1 크롬 브라우저의 번역 기능을 사용하지 않고, 원문 그대로 사용합니다. 새로운 에이전트를 만들기 위해 [CREATE AGENT] 버튼을 클릭합니다.

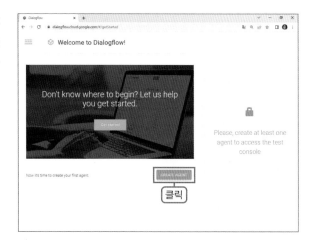

2 새로운 에이전트가 생성되었습니다. 에이전트 이름을 'Afterschool'로 입력한 후 아래쪽에 언어는 'Korean(South Korea) – Ko', 시간대는 '(GMT+9:00) Asia/Tokyo'로 설정합니다. [CREATE] 버튼을 클릭합니다.

TIP 에이전트는 프로젝트 개념으로 영문으로 띄어쓰기 없이 입력하는 것이 좋습니다. 현재 사이트에서 번역 기능을 사용하지 않는 까닭은 언어를 'Korean(South Korea) – Ko' 즉, 한국어로 설정해서 사이트 전체를 한국어로 번역하게 되면 등록한 대화와 챗봇이 한국어로 되어 있어서 오류가 발생합니다.

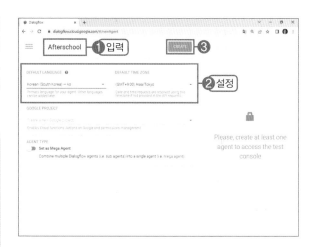

3 Intents 창이 열리면 기본적인 2개의 Intent
가 있습니다. 환영 의도의 Intent를 먼저 보
기 위해 'Default Welcome Intent'를 클릭합
니다.

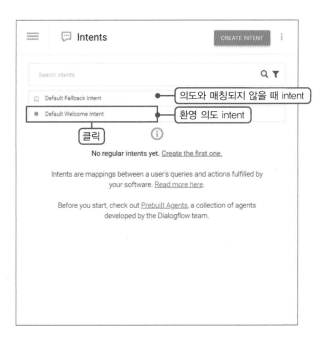

4 Training Phrases(훈련 문구)에는 이미 등
록된 인사말이 학습되어 있습니다.

5 스크롤바를 아래쪽으로 내리면 Responses
(응답)의 'Text Response(문자 응답)'에는
인사말에 대한 알맞은 응답이 등록되어 있
습니다.

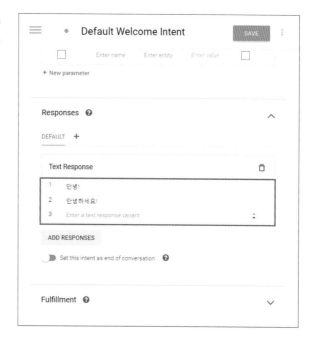

6 챗봇이 정상적으로 작동하는지 오른쪽
상단에서 확인할 수 있습니다. '안녕'이
라고 입력하면 환영의 의도로 인식하여
Responses에 등록된 문장 중에서 하나를
골라 챗봇이 응답합니다.

TIP Training Phrases에는 '안녕' 이라고 등록되어
있는데, 사용자가 '안녕?' 이라고 문장부호를 붙
여서 입력해도 의도를 파악하여 챗봇이 응답합니
다. 더 많은 문장을 학습시키면 사용자의 의도대
로 인공지능이 응답하게 됩니다.

7 오른쪽 상단에 Training Phrases에 등록되어 있지 않은 '하이루'를 입력하면 환영 인사로 인식하지 못해 '죄송해요. 다시 들려 주실래요?'라고 응답합니다.

TIP

Default Fallback intent

[Defalt Fallback intent]를 클릭하면 화자의 대화가 기본으로 등록되어 있습니다. Default Fallback intent는 어떤 의도와도 매칭되지 않았을 때 사용되는 응답으로 "마지막 말씀을 잘 못 이해한 것 같아요", "죄송해요. 다시 들려 주실래요?" 등이 등록되어 있고, 의도와 매칭되지 않았을 때 이 문장 중 하나를 골라 챗봇이 응답하게 됩니다.

8 Training Phrases의 Add user expression(사용자 표현 추가)에 '하이루'를 입력하여 환영 인사의 의도를 가진 말로 등록한 후 [SAVE] 버튼을 클릭해 저장합니다. 오른쪽 상단에서 다시 '하이루'를 입력하면 원하는 응답을 하는지 연습해 봅니다.

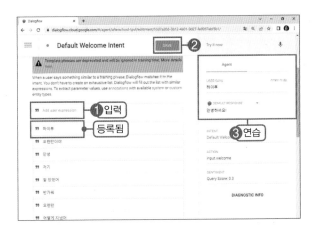

Step
04 ＼ 단순한 질의응답 챗봇 만들기

1 메뉴에서 [Intents]의 [+]를 클릭해 새로운
Intent를 만듭니다.

2 새로운 Intent의 이름은 방과후 수업 신
청에 관한 의도를 대화로 이어가기 위해
'Reservation'이라고 입력합니다. Training
Phrases에 사용자 표현을 추가하기 위해
[ADD TRAINING PHRASES]를 클릭합니다.

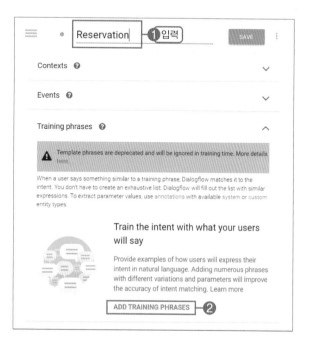

3 Training Phrases의 Add user expression (사용자 표현 추가)에 다음처럼 '방과후 수업 신청'의 의도를 가진 질문을 등록합니다.

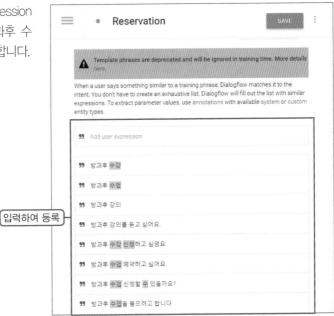

입력하여 등록

4 화면 하단에 있는 Responses의 [ADD RESPONSE]를 클릭합니다.

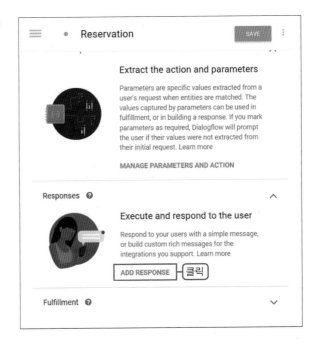

5 Responses의 Text Response에 그림처럼 "어떤 방과후 수업을 듣고 싶으세요?"와 같은 응답 글을 입력합니다. [SAVE] 버튼을 클릭합니다.

6 오른쪽 상단에서 현재 저장한 단순한 질의 응답 챗봇을 연습해 봅니다. '방과후 강의 신청'이라고 입력하면 **5**에서 등록한 문장 중 하나를 골라 응답합니다.

05 ＼ 연계형 챗봇 만들기

1 메뉴에서 [Intents]를 클릭합니다. Intent 중 'Reservation'에 마우스를 가져가서 [Add follow-up intent]를 클릭한 후 [custom]을 클릭합니다.

2 'Reservation' Intent와 흐름을 같이 할 수 있는 연계형 Intent가 만들어졌습니다. [Reservation-custom]을 클릭합니다.

3 Contexts는 문맥을 의미합니다. 그 아래 'Reservation-followup'이 나타나 문맥과 연계되는 Intent임을 알 수 있습니다.

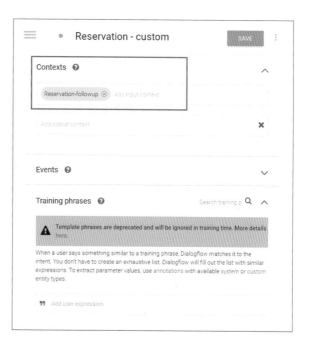

4 Training Phrases의 Add user expression 에 그 전 Intent와 대화를 이어갈 수 있는 문장을 입력합니다. 원하는 수업명을 입력하라는 응답이었으므로, 이번에는 아직 결정하지 못했다는 부정적인 문장들을 그림과 같이 입력합니다.

5 화면 하단에 있는 Responses의 Text Response에 그림처럼 응답 글을 입력합니다. [SAVE] 버튼을 클릭합니다.

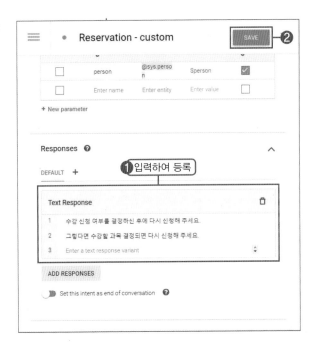

6 오른쪽 상단에서 현재 저장한 연계형 챗봇을 연습해 봅니다. 처음부터 차례대로 묻고 응답이 출력되는 것을 확인합니다.

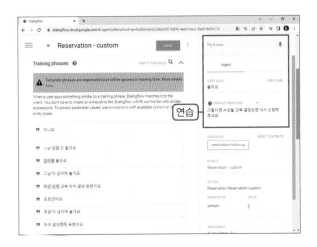

단어 분류하여
응답하는 챗봇 만들기

엔티티로 단어 분류해서 챗봇 만들기

'Reservation' Intent와 흐름을 같이 할 수 있는 연계형 Intent를 하나 더 만들어 보겠습니다. 방과후 수업을 신청하기 위해 강의를 선택하는 과정과 여러 개의 수업명을 하나의 Entity로 묶는 방법을 알아보겠습니다.

1 메뉴에서 [Intents]를 클릭합니다. Intent 중 'Reservation'에 마우스를 가져가서 [Add follow-up intent] – [custom]을 선택하여 [Reservation-custom-2]를 만듭니다. [Reservation-custom-2]를 클릭합니다.

2 Training Phrases의 Add user expression
에 그 전 Intent와 대화를 이어갈 수 있게 방
과후 수업에 개설을 원하는 과목이나 내용
에 관한 문장들을 입력합니다. [SAVE] 버튼
을 클릭하여 저장합니다.

3 여러 수업명을 하나의 Entity로 묶기 위해
수업명 중 하나를 블록 지정하면 나타나는
팝업 창에서 [Create new]를 클릭합니다.

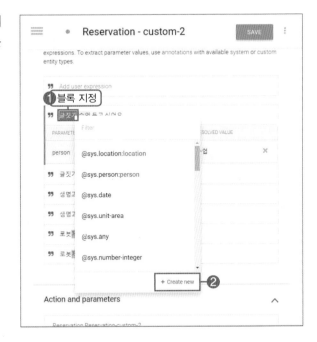

4️⃣ 새로운 Entity를 만들 수 있는 페이지로 이동됩니다. '글짓기' 수업명은 이미 등록되어 있습니다. Entity name에 'Subjectname'이라고 입력하고, 아래쪽의 [Add a row]를 클릭하여 다른 수업명도 각각 추가합니다.

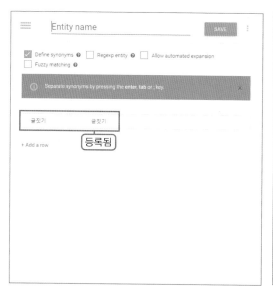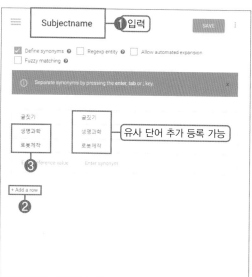

5️⃣ [SAVE] 버튼을 클릭하여 저장합니다.

6 다시 Reservation–custom–2 페이지로 이동한 후 등록된 '글짓기' 수업명을 블록 지정하면 팝업창이 나타납니다. Entity 이름인 [@Subjectname]을 선택하면 '글짓기'가 분홍색 블록으로 표시됩니다.

Entity의 블록색은 분홍색이 아닌 다른 색으로 표시될 수도 있습니다.

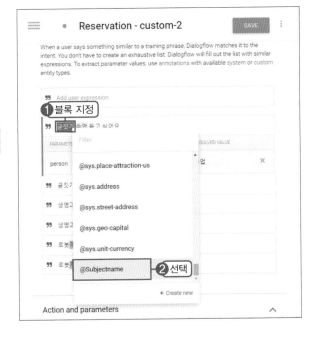

7 같은 방법으로 Training Phrases에 등록된 문장에서 수업명을 모두 Entity로 묶어 줍니다. 수업명에 해당하는 모든 단어가 분홍색으로 블록 지정되었습니다.

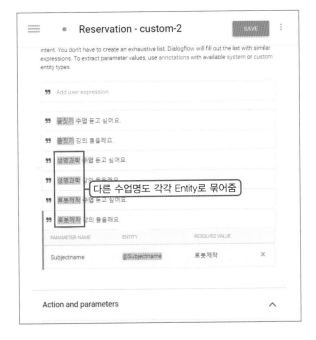

8 이미 학습된 단어 중에 Entity로 묶인 것은 노란색 블록으로 표시되는데, 클릭하면 나타나는 팝업 창에서 노란색으로 표시된 부분의 🗑를 클릭하여 삭제합니다. 노란색으로 블록 표시된 다른 단어도 같은 방법으로 삭제합니다.

9 'Action and parameters'는 Entity와 일치할 때 지정하는 값을 표시합니다. @Subjectname의 값이 '$Subjectname'임을 알 수 있습니다. Responses의 Text Responses에 '$'를 입력하여 나타난 '$Subjectname'을 선택하면 사용자의 응답을 가져와 대답할 수 있습니다. '를 신청하시겠습니까?'와 같이 나머지 부분을 입력합니다.

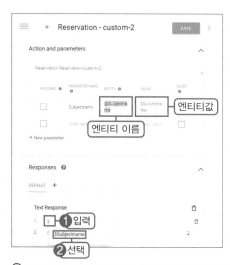

Responses의 Text Responses에서 입력할 때 '$엔티티이름'을 선택하면 사용자가 선택한 응답을 가져와 대답할 수 있습니다.

10 **9**와 같은 방법으로 Responses의 Text Response에 다른 응답도 입력합니다. [SAVE] 버튼을 클릭하여 저장합니다.

11 오른쪽 상단에서 현재 저장한 연계형 챗봇을 연습해 봅니다. 처음부터 차례대로 묻고 응답이 출력되는 것을 확인합니다.

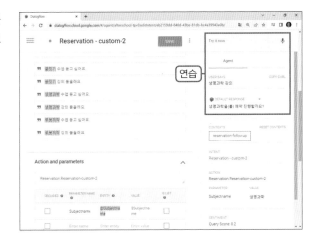

추가적으로 연계형 인텐트 만들기

1 메뉴에서 [Intents]를 클릭합니다. Intent 중 'Reservation−custom−2'에 마우스를 가져 가서 [Add follow−up intent]를 클릭한 후 [custom]을 선택합니다.

2 Intent 중 새로 생성된 [Reservation− custom−2−custom]을 클릭합니다.

3 그 전 intent와 대화를 이어갈 수 있도록 'Training Phrases'의 Add user expression에 수업 신청을 완료하는 대화 내용을 입력합니다. 그림과 같이 '네' 등 동의를 의미하는 문장들을 입력합니다.

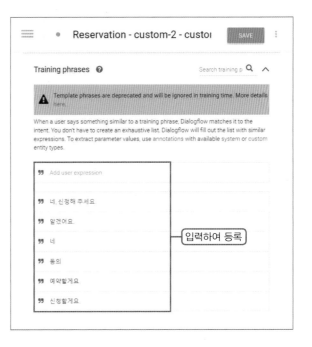

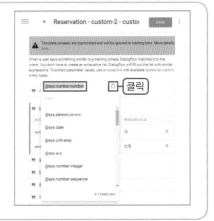

4 'Responses'의 Text Response에 신청 완료 문장을 입력한 후 신청한 수업명의 Entity를 불러오려면 '#' 을 입력한 후 나타난 followup intent를 선택하고 'Entity 이름'을 입력합니다. 여기서는 .Subjectname을 입력했습니다.

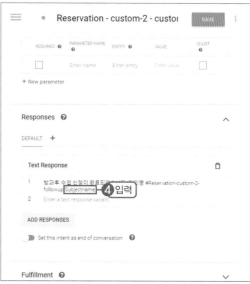

5 **4**와 같은 방법으로 Responses의 Text Response에 다른 응답도 입력합니다. [SAVE] 버튼을 클릭하여 저장합니다.

웹에서 챗봇 테스트하기

1 지금까지 만든 챗봇을 테스트하기 위해 메뉴에서 [Integrations]을 클릭합니다.

2 화면 아래쪽으로 스크롤바를 내려 'Text based'에서 [Web Demo]를 클릭합니다.

 이렇게 수업하세요!

교실에서 지켜야 할 규칙을 챗봇으로 만들어 보세요. 학생들과 함께 질문과 규칙을 만들어 보고 챗봇에게 질의응답을 해 보세요.

3 웹 데모 창에서 [ENABLE] 버튼을 클릭한 후 링크 주소를 클릭합니다.

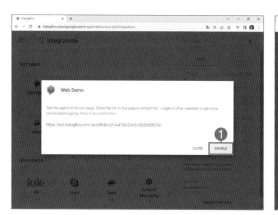 

4 Afterschool이라는 챗봇이 나타납니다. 방과후 수업 신청에 관한 대화를 대화창에 입력하여 챗봇이 제대로 작동하는지 확인해 봅니다.

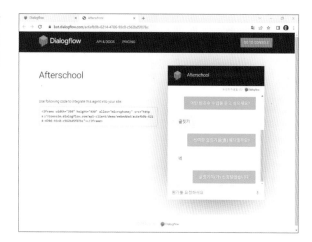

1. **다이얼로그플로우(DialogFlow)**
   Dialog(대화)의 Flow(흐름)를 만들기만 하면 코딩을 몰라도 구글이 자체적으로 제공하는 자연어 처리 (NLP) 기술로 챗봇을 만들 수 있습니다.

2. **자연어 처리(Natural Language Processing)**
   일상적으로 사용하는 언어를 분석해서 처리하는 것을 뜻합니다.

3. **다이얼로그플로우 구성**

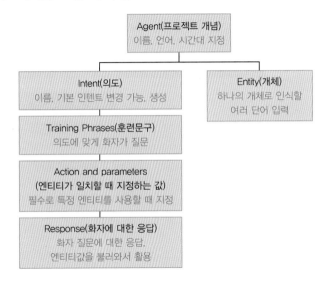

4. 다이얼로그플로우에서는 연계성 Intent를 만들어서 대화의 흐름을 이어갈 수 있습니다.

5. 다이얼로그플로우에서 챗봇을 완성한 후 [Web Demo]에서 자신이 만든 챗봇을 테스트할 수 있습니다.

1. 다이얼로그플로우에서는 코딩을 몰라도 구글이 자체적으로 제공하는 어떤 기술로 챗봇을 만들까요?

   ① Intent   ② Entity

   ③ Agent   ④ NLP

2. 다이얼로그플로우에서 예를 들어 다음과 같이 여러 단어를 하나의 개체로 묶을 수 있는 것을 무엇이라 할 까요?

   > 봄, 여름, 가을, 겨울은 모두 같은 의도이므로 이를 '계절'이라는 하나의 상위어로 묶어 줄 수 있다.

   ① Intent   ② Entity

   ③ Action and parameters   ④ Training Phrases

3. 다이얼로그플로우에서 'day' 에이전트는 엔티티를 활용하여 만들고 [Web Demo]에서 실습해 보세요. 단, Intent나 Entity 이름은 각자 원하는 것으로 합니다.

11

코스페이스 1

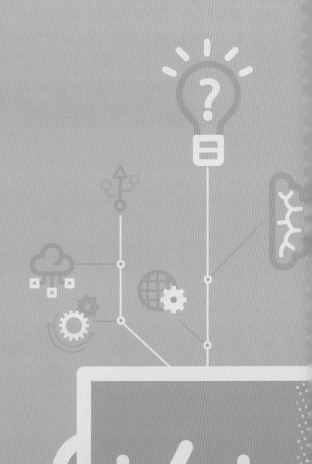

메타버스(Metaverse)는 가상을 의미하는 '메타(Meta)'와 우주를 의미하는 '유니버스 (Universe)'의 합성어로 현실 세계와 같은 사회 · 경제 · 문화 활동이 이뤄지는 3차원의 가상 세계를 가리킵니다. 코로나 시대와 인터넷 5G 상용화로 인한 가상현실(VR), 증강현실(AR) 등 여러 통신 기술이 발달하면서 비대면, 온라인을 통해 메타버스가 주목받게 되었습니다. 코스페이스는 이런 가상현실 콘텐츠를 만들 수 있는 프로그램입니다.

학습목표
- 선생님 계정으로 코스페이스에 무료로 가입할 수 있습니다.
- 코스페이스 30일 체험판으로 업그레이드 할 수 있습니다.
- 코스페이스에서 나만의 작품을 만들고 감상할 수 있습니다.

미리보기

▲ 코스페이스

Step 01 、 코스페이스 알아보기

코스페이스

코스페이스(Cospaces)는 3차원 가상세계의 콘텐츠를 만들 수 있는 프로그램입니다. 미리 정의된 다양한 환경과 필터를 사용하거나 배경에 360° 이미지를 사용하여 코스페이스만의 가상세계 분위기를 만들 수 있습니다.

바로 사용할 수 있는 3D 모델 라이브러리에서 개체와 캐릭터를 끌어다 놓기만 하면 자신만의 가상세계를 만들 수 있습니다. 또한, 갤러리에 등록된 다양한 작품을 가상현실(VR)과 증강현실(AR)로 감상할 수 있습니다.

> **TIP 가상현실과 증강현실의 차이점**
>
> 가상현실(VR: Virtual Reality)은 제공된 콘텐츠 모두가 현실이 아닌 가상의 이미지이고, 증강현실(AR: Augmented Reality)은 현실의 이미지나 배경에 3차원 가상 이미지를 겹쳐서 하나의 영상으로 보여 주는 기술입니다.
>
> 예를 들어 VR 전시관의 경우 HVD나 카드보드를 장착하고 전시관을 관람할 수 있으며 나를 대신하는 캐릭터를 '가상의 공간'에서 관람하게도 할 수 있습니다. 반면, AR 전시관은 해당 전시관 앱만 있으면 현재 있는 장소에 전시 작품이 바로 나타나서 관람할 수 있습니다. 현실의 공간이 곧 전시관이 됩니다. 그래서 AR이 VR보다 현실감이 뛰어나다는 특징이 있습니다.
>
> VR, AR 기술의 활용은 게임, 교육, 군사, 의료 등 많은 곳에서 다양하게 활용되고 있으며 발전 가능성이 무궁무진합니다.

▲ 언어, 사회과학 등 분야별로 작품이 등록된 코스페이스 갤러리

코스페이스의 홈페이지 구성 요소

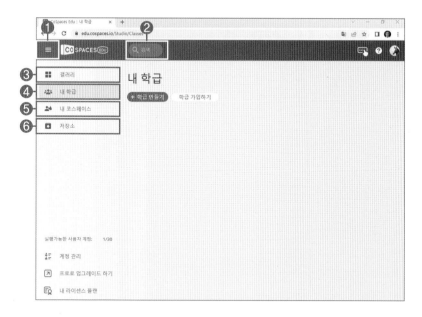

❶ 메뉴에 대한 설명을 활성화/비활성화로 전환합니다.

❷ 검색: 등록된 작품을 검색할 수 있습니다.

❸ 갤러리: 다른 사용자가 공유한 작품을 체험할 수 있습니다.

❹ 내 학급: 선생님 계정에서는 학급을 만들고 과제를 내는 곳이고, 학생 계정에서는
과제를 제출하는 곳입니다.

❺ 내 코스페이스: 내 작품을 만들고, 만든 작품을 체험할 수 있는 곳입니다.

❻ 저장소: 완성한 작품을 저장해서 모아둘 수 있는 곳입니다.

코스페이스 체험판에서는 비공개 공유만 가능하고, 갤러리에 공유 기능은 사용할 수 없습니다.

02 코스페이스 시작하기

코스페이스 무료 가입하기

1 크롬 브라우저에서 '코스페이스'라고 검색한 후 검색 목록 중 'CoSpaces Edu for kid-friendly 3D creation and coding'를 클릭합니다.

URL 코스페이스

https://cospaces.io/edu

2 접속하며 번역 창에서 [한국어]로 설정하고 상단의 [등록하다] 버튼을 클릭합니다.

TIP 코스페이스는 무료 버전과 유료 버전이 있습니다. 무료 버전은 계정을 만든 후 누구나 사용할 수 있으나, 계정을 만들 때 선생님과 학생 구분이 있습니다. 18세 이상의 성인은 선생님 무료 버전에 가입할 수 있습니다. 무료 버전은 기능적으로 제한된 것이 많습니다.

3 선생님 계정을 만들기 위해 [선생님]을 클릭합니다. 선생님 계정은 만 18세 이상만 가입되기 때문에 만 18세 이상인지 확인 여부에 [만 18세 이상입니다] 버튼을 클릭합니다.

4 스크롤바를 내려서 약관을 모두 읽어야 [동의합니다.] 버튼이 활성화됩니다. [동의합니다.] 버튼을 클릭합니다.

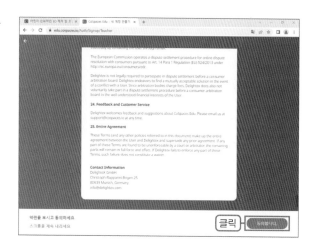

5 애플이나 구글, 마이크로소프트 계정이 있으면 해당 로그인 버튼을 클릭하여 로그인합니다. 또는 아래에 이름, 아이디, 이메일, 비밀번호를 입력하여 계정을 만들 수 있습니다.

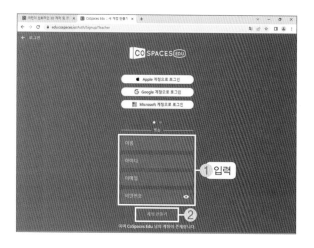

6 뉴스 구독 창이 나오면 [계속하기] 버튼을
클릭합니다.

7 계정을 만들 때 사용한 이메일로 확인 이메
일이 보내졌습니다. 메일함으로 이동하여
받은 이메일을 확인하고 [Confirm email]
버튼을 클릭합니다.

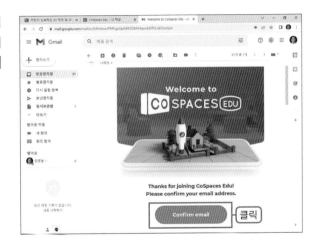

8 열린 코스페이스 화면에서 [Continue] 버튼
을 클릭합니다.

🤖 30일 체험판으로 업그레이드 하기

1 선생님 계정으로 가입했을 때 처음 나타나는 화면으로 [내 학급]에서 [학급 만들기]를 할 수 있습니다.

2 코스페이스를 만들기 위해 왼쪽 메뉴 중 [내 코스페이스]를 클릭한 후 [+ 코스페이스 만들기] 버튼을 클릭합니다.

3 무료 버전은 대부분 잠겨 있고 [3D 환경]의 [Empty scene]를 클릭하여 만들 수 있으나 오브젝트 사용이 제한적입니다. 장면 선택 창을 닫습니다.

4 유료 버전 30일 체험판을 사용하기 위해 왼쪽 하단의 [프로로 업그레이드 하기]를 클릭합니다.

5 '코스페이스 에듀 프로 갖기' 창에서 [체험판 활성화하기]를 클릭합니다.

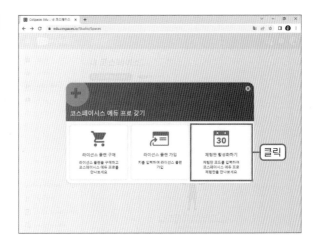

6 새 탭으로 창이 열리면 한국어 번역을 하지 않고, 상단 메뉴에서 가격 정책을 확인할 수 있는 [Pricing]을 클릭합니다. PRO 버전에서 [30–day trial code COSProTrial]을 클릭하면 체험판 코드가 복사됩니다.

TIP 새 탭이 열리지 않으면 다시 코스페이스 (https://cospaces.io/edu)에 접속하여 한국어로 번역하지 않고 [Pricing]에서 체험판 코드를 복사합니다.

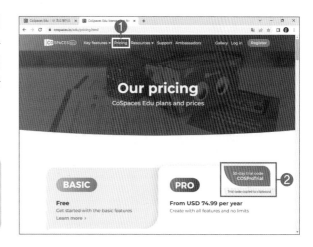

7 이전 탭으로 돌아가 프로 체험판 활성화 창의 체험판 코드 입력란에서 마우스 오른쪽 버튼을 클릭하여 코드를 붙여넣은 후 [체험판 활성화하기] 버튼을 클릭합니다.

8 코스페이스 에듀 프로로 업그레이드 되었습니다. 체험 기한이 표시된 창의 [닫기] 버튼을 클릭합니다.

Step 03 코스페이스에서 장면 추가하고 작품 만들기

작업 화면 알아보기

1 왼쪽 메뉴에서 [내 코스페이스]를 클릭한 후 [+코스페이스 만들기] 버튼을 클릭합니다.

2 '장면 선택' 창에서 [3D 환경]의 [Empty scene]을 클릭합니다.

❶ 3D 환경: 가상현실이나 증강현실을 작업할 수 있는 작업 창

❷ 360° 이미지: 360° 이미지를 감상할 수 있는 가상현실을 제작할 수 있는 작업 창

❸ 멀지 큐브: 멀지 큐브에 증강현실을 제작할 수 있는 작업 창

❹ Tour: 새로 추가된 기능으로 가상현실을 더 쉽게 제작할 수 있는 작업 창

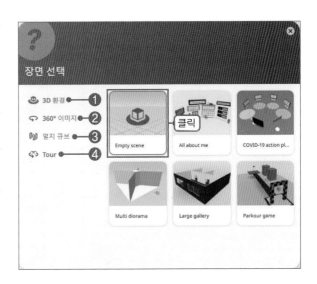

3 3D 환경을 꾸밀 수 있는 장면이 펼쳐집니다. ㅁ를 클릭합니다.

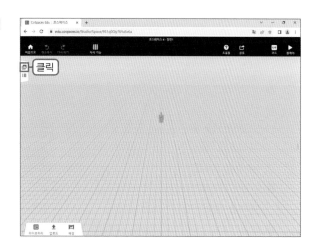

4 코스페이스 만들기 화면 구성 요소를 살펴봅니다.

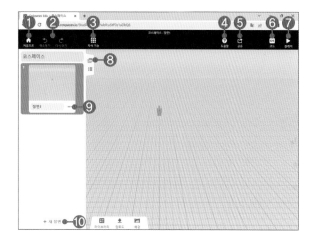

❶ 처음으로: 현재 장면을 빠져나가서 코스페이스 홈페이지로 이동합니다.

❷ 취소하기/다시하기: 작업한 내용을 취소하거나 다시 할 수 있습니다.

❸ 자석 기능: 오브젝트를 아이템에 붙이거나 격자에 맞출 수 있습니다.

❹ 도움말: 튜토리얼, 포럼, 자료로 도움말을 확인할 수 있습니다.

❺ 공유: 비공개 공유, 갤러리에 공유 등을 선택하여 공유할 수 있습니다.

❻ 코드: 코딩할 언어를 선택하고, 코딩할 수 있습니다.

❼ 플레이: 완성한 작품을 감상할 수 있습니다.

❽ 장면 목록을 활성화/비활성화할 수 있고, 장면을 추가할 수 있습니다.

❾ 해당 장면의 이름을 변경하거나 복사할 수 있습니다.

❿ +새 장면: 새로운 장면을 추가할 수 있습니다.

5 왼쪽 하단의 [라이브러리]를 클릭합니다.

① 라이브러리: 라이브러리를 활성화 또는 비활성화로 전환할 수 있습니다.

② 오브젝트가 종류별로 분류되어 있습니다.

③ 오브젝트 종류 중 하나를 선택하면 해당 오브젝트를 확인할 수 있고, 원하는 오브젝트를 작업 창으로 드래그하여 가져올 수 있습니다.

④ 업로드: 외부에서 3D 오브젝트나 사진, 음악을 업로드할 수 있습니다.

⑤ 배경: 배경과 배경음악을 작업 창에 삽입할 수 있습니다.

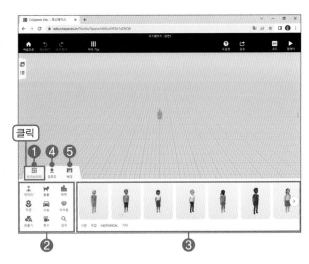

오브젝트로 작품 만들고 감상하기

1 왼쪽 하단 메뉴에서 [라이브러리]를 클릭한 후 오브젝트 종류 중 [주택]을 클릭합니다. 선택한 종류에 해당하는 오브젝트가 펼쳐지면 그중 하나를 드래그하여 작업 창에 추가합니다.

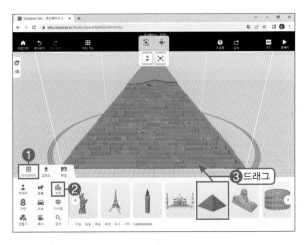

2 같은 방법으로 스핑크스도 드래그하여 작
업 창에 위치시킵니다.

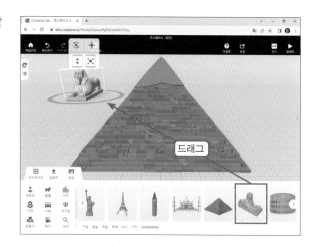

3 [캐릭터] 종류 안에 있는 오브젝트들도 같은
방법으로 추가합니다.

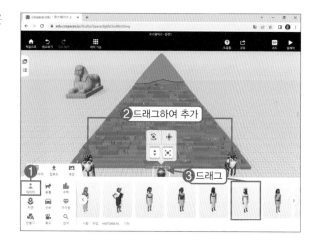

4 배경을 추가하기 위해 왼쪽 하단 메뉴에서
[배경]을 클릭한 후 [수정]을 클릭합니다.

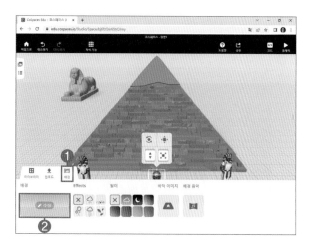

5 배경 선택 창에서 사막 이미지를 클릭합니다.

6 배경이 사막 이미지로 변경되었습니다. 오른쪽 상단의 [플레이]를 클릭하여 작품을 감상합니다.

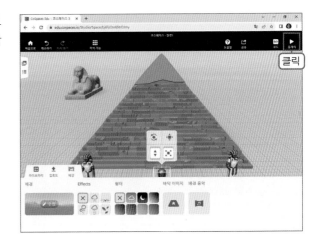

7 작품이 전체적으로 보이지 않고 일부분만 보입니다. 키보드의 방향키를 사용하여 작품을 감상합니다. 감상을 완료하려면 ⬅를 클릭하여 작업 창으로 되돌아갑니다.

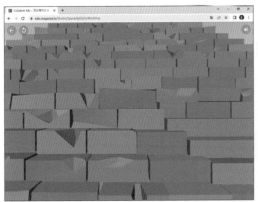

카메라 기능

처음 시작 화면에 기본적으로 '메인 카메라' 하나가 제공되며 다른 물체와 마찬가지로 회전, 이동, 수직 이동의 기능이 있습니다. 카메라의 기본 높이는 1.7m(신장이 180cm인 성인 남성의 눈높이)입니다.

[플레이]를 했을 때 피라미드의 일부분만 보이는 것은 카메라 바로 앞에 피라미드가 위치해 있기 때문입니다. 카메라에서 흰빛을 비추는 부분이 카메라의 앞부분으로 그 부분에 피라미드가 있습니다. 작업 창에서 카메라의 위치를 옮길 수도 있고, [플레이]될 때 키보드의 방향키를 조정하여 위치를 변경할 수 있습니다.

[플레이]를 하지 않아도 F 키를 누르면 카메라 화면으로 전환할 수 있습니다. 카메라 관점에서 화면을 본 후 작업 창에서 바로 수정할 수 있습니다.
카메라를 여왕 앞으로 이동시킨 후 [플레이]하면 여왕부터 전체적으로 볼 수 있습니다.

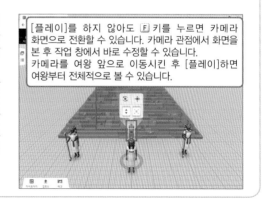

8 다시 작업 창에서 [처음으로]를 클릭합니다.

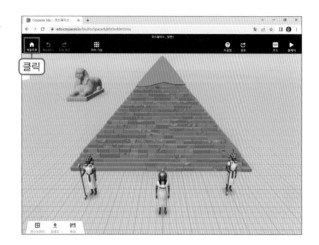

9 만든 작품이 자동으로 저장되어 있습니다.

코스페이스에서 마우스 동작 익히기

1. 내 코스페이스 목록 중 [Welcome to CoSpaces Edu]를 클릭합니다.

2. 왼쪽 상단의 🖼 을 클릭합니다. 마우스 조작을 연습하기 위해 [Desktop Navigator] 장면을 클릭한 후 🖼 를 다시 클릭합니다.

3 마우스 왼쪽 버튼을 누른 채 드래그하여 화면을 회전시킵니다.

4 Space bar 키를 누른 채 드래그해 봅니다. 오브젝트는 그대로 있고, 화면만 드래그하는 방향에 따라 이동합니다. 마우스 왼쪽 버튼을 누르고 드래그하여 다음 미션으로 회전합니다.

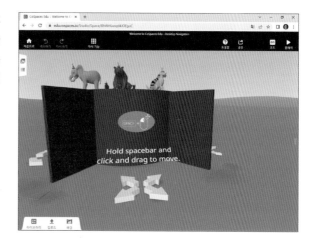

5 마우스 휠을 밀거나 당겨서 화면을 확대하거나 축소합니다. 마우스 왼쪽 버튼을 누르고 드래그하여 다음 미션으로 회전합니다.

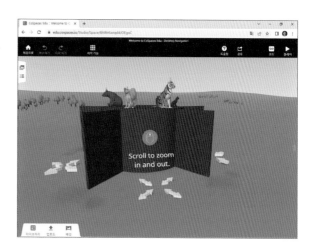

6 노란색 원 안의 오브젝트를 선택한 후 ⓥ키를 누릅니다. 오브젝트가 화면 중앙에 오게 됩니다.

 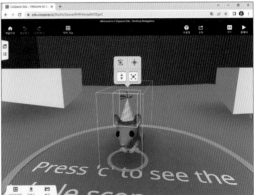

7 ⓒ키를 누릅니다. 전체화면 보기 기능으로 변경됩니다. 미션 사항을 모두 완료하였으면 [처음으로]를 클릭하여 연습을 마칩니다.

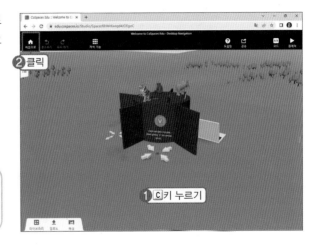

TIP 마우스를 좌우로 회전해서 미션을 모두 완료하여 마우스 동작이 자유로워졌으면 다른 코스페이스 작품도 만들어보도록 합니다.

코스페이스 조작법을 알아두면 좀 더 쉽게 가상현실 콘텐츠를 만들 수 있습니다. 오브젝트의 크기 조절, 시점 변경하는 방법을 알아보겠습니다.

오브젝트 기본 콘트롤

오브젝트를 한 번 클릭하면 오브젝트를 회전하거나 조절할 수 있는 콘트롤이 활성화됩니다.

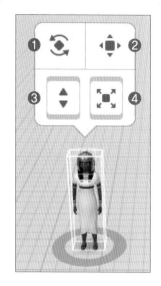

❶ 회전 모드: X, Y, Z축을 기준으로 오브젝트의 방향을 회전할 수 있습니다.

❷ 이동 모드: X, Y, Z축을 기준으로 오브젝트의 위치를 이동할 수 있습니다.

❸ 드래그해서 올리기: ❸을 클릭한 상태에서 위쪽이나 아래쪽으로 드래그하면 오브젝트를 이동할 수 있습니다.

❹ 드래그해서 크기 바꾸기: ❹를 클릭한 상태에서 오브젝트의 크기를 크게 또는 작게 변경할 수 있습니다.

화면 이동

동작	기능	설명
V 키	클릭한 오브젝트가 화면 중앙에 오도록 하는 기능	작업하고자 하는 오브젝트를 클릭한 뒤 V 키를 누름
마우스 왼쪽	드래그하는 방향으로 회전	키보드 방향키로도 방향 조작 가능
마우스 휠	화면 당겨 보기/멀리 보기	마우스 휠을 당겨서 축소해서 보거나 밀어서 확대해서 볼 수 있음
Space Bar +	화면 앞/뒤 옆으로 밀기	Space Bar 키를 눌러 화면을 상하좌우로 드래그하여 화면 이동
Space Bar +	마우스 커서가 있는 쪽으로 화면 당겨 보기/멀리 보기	화면을 당기고 이동하는 두 동작을 한번에 하여 작업 속도를 높일 수 있음
C 키	전체 화면 보기 기능	작업하는 도중 화면을 처음 카메라 위치로 되돌리고 싶을 때 사용
F 키	카메라 시점에서 작업	플레이했을 때와 같은 화면 상태. 그 상태에서 작업 가능

1. 코스페이스(Cospaces)는 3차원 가상세계의 콘텐츠를 만들 수 있는 프로그램입니다.
   URL https://cospaces.io/edu

2. **코스페이스 무료 계정 가입 방법**
   - 코스페이스에 접속한 후 번역 창에서 [한국어]로 설정하고 [등록하기]를 클릭합니다.
   - 선생님 계정을 선택하고, 18세 이상을 확인한 후 이용약관에 동의합니다.
   - 애플, 구글, 마이크로소프트 계정이 있으면 선택하여 로그인하거나 개인정보를 입력하여 계정을 만듭니다.
   - 로그인한 이메일 계정으로 받은 확인 메일을 확인합니다.
   - 코스페이스의 무료 버전은 제한된 기능이 많습니다. 유료 버전으로 업그레이드를 하기 전에 30일 체험판으로 업그레이드하여 사용해 봅니다.

3. **나의 코스페이스 작품 만들기**
   - [내 코스페이스]를 클릭한 후 [+코스페이스 만들기] 버튼을 클릭합니다.
   - 장면 선택 창에서 [3D 환경]의 [Empty scene]을 클릭합니다.
   - 왼쪽 하단의 [라이브러리]를 클릭합니다. 오브젝트 종류를 선택한 후 마음에 드는 오브젝트를 작업 창으로 드래그합니다. 같은 방법으로 다른 오브젝트를 작업 창으로 드래그하여 꾸밉니다.
   - 왼쪽 하단의 [배경]을 클릭한 후 [수정]을 클릭하여 배경 선택 창에서 원하는 배경을 클릭합니다.
   - 가상세계에 배경과 오브젝트로 작품이 만들어졌으면 [플레이]를 클릭하여 감상합니다.
   - 플레이 창에서 키보드의 방향키를 사용하여 작품을 다양한 각도에서 감상합니다.
   - 코스페이스의 작업 창에서 [처음으로]를 클릭하여 홈페이지로 이동하면 작품이 자동으로 저장됩니다.

4. **PC용 코스페이스에서 마우스 동작 익히기**
   - 내 코스페이스 목록 중 [Welcome to CoSpaces Edu]를 클릭합니다.
   - 🖱를 클릭한 후 장면 목록 중 [Desktop Navigator] 장면을 클릭합니다.
   - PC에서의 마우스 동작을 익힐 수 있습니다. 미션을 따라 하면서 동작을 익힙니다.
   - 미션을 완료하고 다음 단계로 이동하면서 자연스럽게 회전, 이동, 확대/축소 기능을 익힐 수 있습니다.
   - 오브젝트 시점으로 변경하려면 오브젝트를 선택하고 V키를 누릅니다.
   - 전체화면 시점으로 변경하려면 C키를 누릅니다.
   - 작업 창에서 플레이했을 때와 같은 상황에서 작업하려면 F키를 눌러 카메라 시점에서 작업합니다.

1. 3D 모델 라이브러리에서 개체와 캐릭터를 끌어다 놓기만 하면 자신만의 가상세계를 만들 수 있는 프로그램은 무엇일까요?

① 코스페이스   ② 햄스터 AI
③ 퀵드로우   ④ 다이얼로그플로우

2. 코스페이스에서 나만의 작품을 만들 때 선택한 오브젝트가 중심이 되게 변경할 수 있는 키는 무엇일까요?

① C 키   ② F 키
③ V 키   ④ Space Bar 키

3. 코스페이스에서 캐릭터와 수중동물, 자연에서 오브젝트들을 가져오고, 배경을 바닷속으로 하여 꾸며본 후 플레이하세요.

   🔍 Hint 오브젝트를 복사해서 붙여넣기 하려면 Ctrl + C, Ctrl + V 키를 사용합니다.

4. 문제 3에서 만든 작품 속 오브젝트들의 크기, 이동, 회전 등을 변경하여 꾸며 봅니다.

   🔍 Hint 오브젝트에 생각말을 삽입하려면 오브젝트를 선택하고 마우스 오른쪽 버튼을 클릭하면 팝업 메뉴가 나타납니다. [대화]를 선택한 후 [생각하기] 탭을 클릭하고 생각말을 입력합니다.

12

코스페이스 2

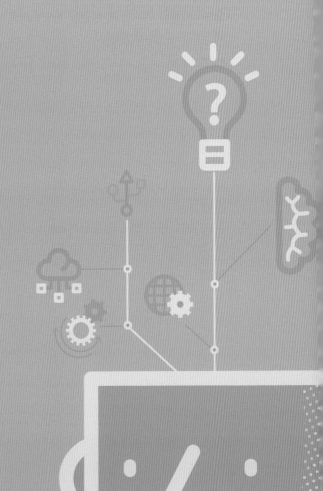

코스페이스 앱을 통해 VR 및 AR 세계를 탐험할 수 있습니다. 다른 사람들이 만든 3D 창작물을 코스페이스의 갤러리를 통해 감상할 수 있습니다. 갤러리는 STEM, 코딩, 사회 과학, 언어, 예술, 메이커스페이스에 이르기까지 다양하게 분류되어 있어서 수업에 활용하기 좋습니다. 코스페이스를 통해 언제 어디서나 증강현실을 즐길 수도 있고, VR 카드보드를 사용하여 가상세계를 체험할 수도 있습니다.

학습목표
- 코스페이스 앱을 설치할 수 있습니다.
- 코스페이스 앱으로 갤러리 작품과 사용자가 만든 작품을 AR, VR로 체험할 수 있습니다.
- 코스페이스 앱에서 코스페이스 작품을 만들 수 있습니다.

미리보기

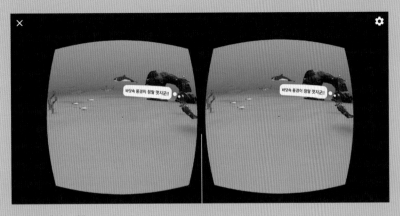

▲ 코스페이스 앱

Step 01 ＼ VR, AR 체험하기 전에 준비하기

코스페이스 앱

코스페이스(CoSpaces) 갤러리에는 VR, AR을 체험할 수 있고 수업에 활용할 수 있는 다양한 콘텐츠가 공유되어 있습니다. 코스페이스 유료 버전을 사용할 경우 사용자가 만든 가상세계 콘텐츠를 공개적으로 공유할 수 있고, 다른 사람들은 코스페이스에 공개된 많은 가상세계 콘텐츠를 VR 또는 AR로 체험할 수 있습니다. 갤러리 콘텐츠들은 스템(STEM: Science, Technology, Engineering, and Mathematics)과 코딩, 사회 과학, 언어와 문학, 메이커스페이스와 예술 등 다양한 카테고리로 분류되어 있어서 수업에 활용하기 좋습니다.

AR 체험 준비물

스마트폰이나 태블릿PC, CoSpaces 📱 앱만 있으면 코스페이스의 증강현실(AR)을 통해 자신의 창작물을 현실 세계의 모든 평면에 투영할 수 있습니다.

VR 체험 준비물

CoSpaces 📱 앱과 VR 카드보드만 있으면 VR 체험을 할 수 있습니다. 코스페이스의 가상현실(VR)을 통해 여러 3D 창작물을 발견하고 탐색하는 것은 학습 경험에 가치를 더할 수 있고, 창작물을 제작하려는 학습 욕구를 높일 수도 있습니다.

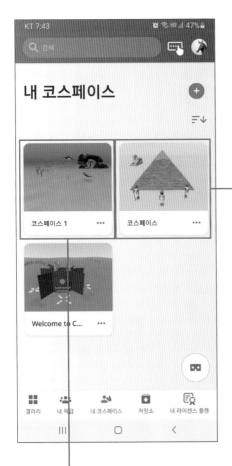

▲ 코스페이스에서 만든 작품을 증강현실로 체험

▼ 코스페이스에서 만든 작품을 구글 카드보드를 이용해 가상현실로 체험

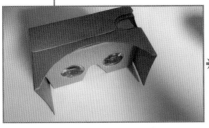

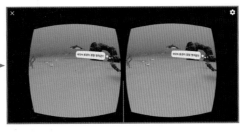

Step 02 、 코스페이스 앱에서 증강현실(AR) 체험하기

코스페이스 앱 설치하기

1 스마트폰에서 [Play 스토어 ▶] 앱을 실행하고 검색 창에 '코스페이스'를 입력합니다. 관련 앱 목록 중 'CoSpaces Edu'를 터치합니다. [설치] 버튼을 터치하여 설치한 후 [열기] 버튼을 터치합니다.

> 💡 앱을 설치한 후에는 홈 화면이나 앱스 화면에서 [CoSpaces] 앱를 터치하여 실행합니다.

2 [CoSpaces] 앱이 실행되면서 사진을 촬영하고, 동영상을 녹화하도록 허용 여부를 묻는 창에 [허용]을 터치합니다. 다른 사람들의 작품을 볼 수 있는 갤러리 화면이 나타납니다.

3 코스페이스의 PC 버전에서 로그인한 계정으로 로그인합니다. 내 학급 화면이 나타나면 하단 메뉴 중 다른 사람의 작품을 체험할 수 있는 [갤러리]를 터치합니다.

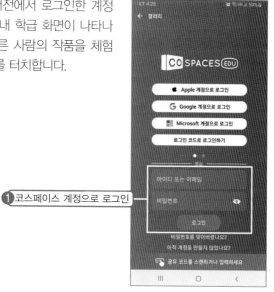

① 코스페이스 계정으로 로그인

4 갤러리의 화면 구성을 확인합니다.

① 검색어를 입력하여 작품을 검색합니다.
② 작품의 QR코드나 공유 코드를 알고 있으면 작품을 검색하지 않아도 감상할 수 있습니다(비공개 공유일 경우 QR코드나 공유 코드로 공유받을 수 있음).
③ 로그인 정보를 확인합니다.
④ 갤러리는 스템과 코딩, 사회 과학, 언어와 문학, 메이커스페이스와 예술로 분류되어 있고, 원하는 분야의 작품을 찾아볼 수 있습니다.

🤖 갤러리 작품을 AR로 체험하기

1 갤러리의 검색 창에 '게임'을 입력하여 검색된 작품 중 하나를 터치합니다. 게임에 대한 설명을 읽어본 후 [플레이] 버튼을 터치합니다.

2 오른쪽 하단의 🥽를 터치하여 [AR로 보기]를 터치합니다. 공간 인식 창이 나타나면 스마트폰이 공간을 인식할 수 있도록 계속 움직입니다. 바닥에 흰점이 생기면 터치합니다.

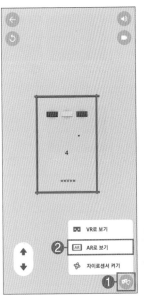

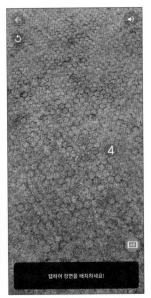

3 게임이 자신이 있는 공간에 AR로 나타나면 스마트폰을 움직여서 게임을 합니다. 게임이 끝나면 ◎(새로고침)을 터치하여 게임을 다시 진행하거나 ◎(이전)을 터치하여 게임을 끝냅니다. 같은 방법으로 다른 분야의 작품도 체험하거나 감상할 수 있습니다.

🤖 내 작품을 AR로 감상하기

1 코스페이스 홈 화면의 하단 메뉴에서 [내 코스페이스]를 터치한 후 AR로 볼 작품을 터치합니다. [플레이] 버튼을 터치한 후 오른쪽 하단의 ◎를 터치하여 [AR로 보기]를 터치합니다.

2 공간 인식 창이 나타나면 스마트폰이 공간을 인식할 수 있도록 계속 움직이다가 바닥에 흰점이 생기면 터치합니다. 작품이 증강현실로 나타나면 감상합니다.

Step 03 ╲ 코스페이스 앱에서 가상현실(VR) 체험하기

🤖 갤러리 작품을 VR로 체험하기

1 갤러리의 카테고리 중 [사회 과학] 분야를 터치한 후 마음에 드는 작품을 선택합니다. 작품을 체험하려면 [플레이] 버튼을 터치합니다. 오른쪽 하단의 🥽를 터치하고 [VR로 보기]를 터치하여 작품을 실행합니다.

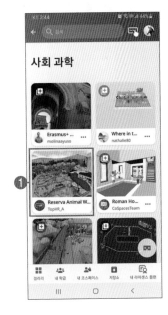  

2 작품을 실행한 스마트폰을 구글 카드보드 2.0에 그림과 같이 장착합니다.

3 작품을 감상하다가 메뉴로 이동하고 싶을 때 바닥 쪽을 보면 메뉴 글자가 보입니다. 초점을 메뉴에 맞추고 카드보드 2.0의 버튼을 누르면 메뉴로 이동합니다.

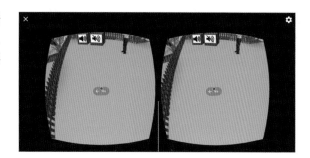

4 음소거를 하려면 소리 아이콘에 초점을 맞추고 카드보드 2.0의 버튼을 누르거나 다시 플레이하려면 플레이 버튼에 초점을 맞추고 카드보드 2.0의 버튼을 누릅니다. 계속 감상합니다.

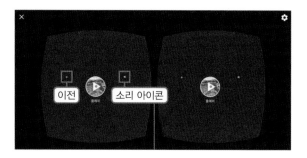

내 작품을 VR로 감상하기

1 하단 메뉴 중 [내 코스페이스]를 터치한 후 작품 중 VR로 볼 작품을 터치합니다.

2 [플레이] 버튼을 터치한 후 오른쪽 하단의 🐷를 터치하여 [VR로 보기]를 터치합니다.

3 작품을 실행한 스마트폰을 카드보드 2.0에 장착한 후 작품을 감상합니다.

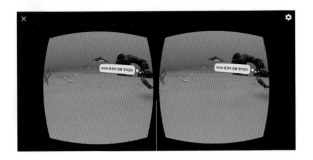

코스페이스 만들기

1 내 코스페이스 화면의 오른쪽 상단의 ⊕를 터치한 후 [+코스페이스 만들기]를 터치합니다.

2 장면 선택 창에서 [3D 환경]의 [Empty scene]을 터치합니다.

3 3D 환경을 꾸밀 수 있는 카메라만 있는 장
면이 나타납니다. 왼쪽 하단 메뉴에서 [라이
브러리]를 터치한 후 캐릭터의 [▼] – [동물]
을 터치합니다.

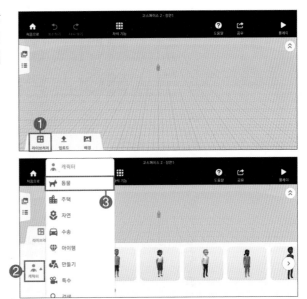

4 동물 오브젝트가 펼쳐지면 그중 하나를 드
래그하여 작업 창에 추가합니다. 추가한 오
브젝트는 카메라 앞쪽으로 배치합니다.

5 같은 방법으로 다른 동물들도 작업 창에 추
가하고 배치합니다. 오브젝트 종류를 변경
하기 위해 동물의 [▼] – [자연]을 터치한 후
식물들을 작업 창에 추가하고 배치합니다.

6 배경을 추가하기 위해 왼쪽 하단 메뉴에서 [배경]을 터치한 후 [수정]을 터치합니다.

7 배경 선택 창에서 배경으로 꾸밀 이미지를 터치합니다.

8 배경 이미지가 삽입되었으면 왼쪽 하단 메뉴에서 [배경]을 터치하여 비활성화합니다.

🤖 대화 삽입하기

1 왼쪽 메뉴에서 ≔ 를 터치합니다. 장면에 추가한 오브젝트 목록이 나타납니다. [Elephant]의 [⋮]를 터치합니다.

2 메뉴 중 [대화]를 터치합니다.

3 상단의 [말하기] 탭을 선택하고, 입력 창에 '가재!'라고 입력합니다.

4 코끼리 옆에 말풍선이 나타났습니다. [플레이] 버튼을 터치해 작품을 감상합니다.

5 왼쪽 하단의 상하 이동 버튼을 사용하여 작품을 감상합니다. 감상을 완료하려면 왼쪽 상단의 🏠를 터치하여 작업 창으로 되돌아갑니다.

6 [처음으로]를 터치하면 만든 작품이 자동으로 저장되어 있습니다.

TIP **[Welcome to CoSpaces Edu] 코스페이스에서 조작법 연습**

내 코스페이스 목록 중 [Welcome to CoSpaces Edu]를 터치하여 실행합니다. 🖥를 클릭한 후 장면 목록 중 [Tablet Navigator]를 터치하여 스마트폰 및 태블릿 조작법을 연습합니다. PC 버전과 마찬가지로 미션을 수행한 후 화면을 회전시켜 다음 미션을 수행합니다.

코스페이스 앱의 조작법을 알아두면 좀 더 쉽게 가상현실 콘텐츠를 만들 수 있습니다. 오브젝트의 크기 조절, 시점 변경하는 방법을 알아보겠습니다.

오브젝트 기본 콘트롤

오브젝트를 한 번 터치하면 오브젝트를 회전하거나 이동, 상하이동, 확대 및 축소할 수 있는 콘트롤이 활성화됩니다.

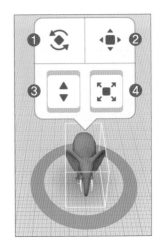

❶ 회전 모드: X, Y, Z축을 기준으로 오브젝트의 방향을 회전할 수 있습니다.

❷ 이동 모드: X, Y, Z축을 기준으로 오브젝트의 위치를 이동할 수 있습니다.

❸ 드래그해서 올리기: ❸을 한 손가락으로 누른 상태에서 위쪽이나 아래쪽으로 드래그하면 오브젝트를 이동할 수 있습니다.

❹ 드래그해서 크기 바꾸기: ❹를 한 손가락으로 누른 상태에서 오브젝트의 크기를 크게 또는 작게 변경할 수 있습니다.

스마트폰 및 태블릿 조작법

동작	기능
두 손가락	두 손가락으로 장면을 터치한 후 시계방향이나 반시계방향으로 회전
한 손가락	한 손가락으로 터치한 후 드래그하여 화면 이동
두 손가락 모으고/벌리고	축소/확대
두 손가락 붙이고 위/아래 움직임	두 손가락의 상/하 방향으로 이동

1. **코스페이스(Cospaces) 앱 설치**

   홈 화면에서 [Play 스토어 ▶] 앱에서 '코스페이스'로 검색하여 'CoSpaces Edu'를 설치합니다.

2. **코스페이스 앱으로 AR로 체험하기**
   - [CoSpaces 🔲] 앱을 실행합니다.
   - 오른쪽 상단의 [로그인]을 터치하여 코스페이스의 PC 버전에서 로그인한 계정으로 로그인합니다.
   - 하단에서 [갤러리] 또는 [내 코스페이스]를 터치합니다.
   - 갤러리의 검색 창에서 원하는 검색어를 입력하여 다른 사람의 작품을 검색한 후 터치하거나 [내 코스페이스]에서 사용자가 만든 작품을 터치합니다. 작품의 [플레이] 버튼을 터치합니다.
   - 오른쪽 하단의 ⚙를 터치하여 [AR로 보기]를 터치합니다.
   - 공간 인식 창이 나타나면 스마트폰이 공간을 인식할 수 있도록 계속 움직입니다. 바닥에 흰점이 생기면 터치합니다.
   - 작품이 AR로 나타나면 스마트폰을 움직여서 체험합니다.

3. **코스페이스 앱으로 VR로 체험하기**
   - [CoSpaces 🔲] 앱에서 하단의 [갤러리] 또는 [내 코스페이스]를 터치합니다.
   - 갤러리의 검색 창에서 원하는 검색어를 입력하여 다른 사람의 작품을 검색한 후 터치하거나 내 코스페이스에서 사용자가 만든 작품을 터치합니다.
   - 작품의 [플레이] 버튼을 터치합니다.
   - 오른쪽 하단의 ⚙를 터치하여 [VR로 보기]를 터치합니다.
   - 스마트폰을 구글 카드보드 2.0에 장착하여 작품을 VR로 감상합니다.

4. **앱에서 코스페이스 만들기**
   - [내 코스페이스]를 터치한 후 오른쪽 상단의 ⊕를 터치하고 [+코스페이스 만들기]를 터치합니다.
   - 장면 선택 창에서 [3D 환경]의 [Empty scene]을 터치합니다.
   - 왼쪽 하단의 메뉴에서 [라이브러리]를 클릭하여 오브젝트 종류를 설정한 후 마음에 드는 것을 작업 창으로 드래그합니다. 같은 방법으로 다른 오브젝트를 작업 창으로 드래그하여 꾸밉니다.
   - 왼쪽 하단의 [배경]을 클릭한 후 [수정]을 클릭하여 배경 선택 창에서 원하는 배경을 클릭합니다.
   - 가상세계에 배경과 오브젝트로 작품이 만들어졌으면 [플레이]를 클릭하여 감상합니다.
   - 플레이 창에서 상하 이동 버튼을 사용하여 작품을 다양한 각도에서 감상합니다.
   - 코스페이스의 작업 창에서 [처음으로]를 클릭하면 자동으로 사용자가 만든 작품이 저장됩니다.

1. CoSpaces 앱에서 작품을 플레이했을 때 어느 곳을 터치해야 VR이나 AR 모드로 설정할 수 있을까요?

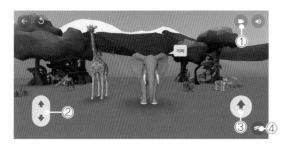

2. 구글에서 만든 카드보드 2.0은 모든 휴대폰에서 작동하는 대화형 클릭 버튼을 지원합니다. 다음 중 버튼에 해당하는 것은 어느 것일까요?

3. CoSpaces 앱의 갤러리에서 태양계를 공부할 수 있는 작품을 찾아 VR 보기로 체험해 보세요.

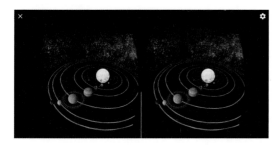

4. CoSpaces 📱 앱에서 다음과 같은 크리스마스과 관련된 오브젝트로 꾸민 후 생각말을 추가해 작품을 만들어보세요.

5. 문제 4를 CoSpaces 📱 에서 다음과 같이 [VR로 보기] 모드에서 보고 캐주얼 보이를 확대해서 보세요.

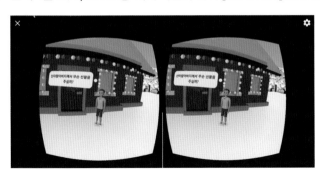

13

햄스터-S
로봇 1

햄스터-S 로봇은 다양한 센서를 활용할 수 있는 소프트웨어 교육용 로봇입니다. 햄스터-S 로봇을 블루투스로 PC와 연결하고, AI LIVE 웹캠을 PC에 연결하여 비디오로 동작을 감지하도록 합니다. 엔트리에서 비디오 감지 블록을 사용하여 햄스터-S 로봇을 움직이도록 코딩하면서 인공지능을 체험합니다.

학습목표

- 햄스터-S 로봇으로 인공지능의 기초 원리를 이해할 수 있습니다.
- 인공지능 수업을 위해 필요한 프로그램을 설치하고 햄스터-S와 AI 웹캠을 PC와 연결합니다.
- 엔트리 비디오 감지의 동작 감지 블록 값을 활용해 햄스터-S 로봇이 움직이도록 코딩합니다.

실습 예제

- 동작감지: http://naver.me/xRczdRoq

미리보기

 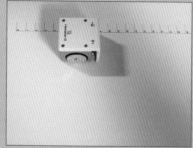

▲ 웹캠을 통해 감지된 동작에 따라 이동하는 햄스터 S-로봇

Step 01 、 인공지능 로봇

인공지능 로봇

기존 로봇은 사람이 미리 명령한 대로만 움직였다면, 인공지능 로봇은 센서를 통해 외부 환경을 인식하여 스스로 상황을 판단해 자율적으로 움직이는 로봇을 의미합니다. 즉, 인공지능 로봇은 사람처럼 스스로 생각하고 판단하여 움직입니다.

예를 들어 로봇 청소기의 경우 청소할 공간을 인공지능이 인식하여 센서가 장애물을 피해 가면서 구석구석 청소합니다. 공장의 산업용 로봇은 생산 자동화를 위해 사람이 하기 어려운 정교한 작업이나 위험한 작업을 인간이 미리 명령한 대로 움직여 작업합니다.

▲ 실생활에서 사용되는 인공지능 청소 로봇

또한, 인공지능 로봇은 교육용으로도 많이 개발되고 있습니다. 인공지능 교육을 위한 교육용 교구로 학생이 직접 프로그래밍을 통해 로봇을 움직일 수 있도록 개발되고 있습니다.

햄스터-S 로봇

햄스터-S 로봇은 다양한 센서를 활용할 수 있는 소프트웨어 교육용 로봇으로 여러 가지 프로그래밍 언어를 사용할 수 있습니다. 기본 구성은 본체와 USB 동글이며 블루투스 연결을 통해 햄스터 로봇에게 명령을 전달할 수 있습니다. 햄스터-S 로봇은 스테핑 모터(Stepping Motor)를 채택히여 정확한 가도 및 거리를 제어해 기존 햄스터 로봇보다 좀 더 쉽게 원하는 위치로 이동시킬 수 있습니다.

햄스터-S 로봇은 교육용 로봇으로 책상에서 움직일 수 있을 정도로 작지만, 여러 부품 및 확장 장치를 연결해 다양한 기능을 구현할 수 있습니다.

TIP **스테핑 모터(Stepping Motor)**
햄스터 로봇의 DC 모터는 각도 제어가 불가능했으나 스테핑 모터는 고정밀도의 위치 결정이 가능한 모터로 특정 각도의 회전 및 이동 거리 제어가 가능합니다. 햄스터-S 로봇에 햄스터 S펜 홀더를 연결하면 간단한 코딩으로 다양한 도형을 그릴 수 있습니다.

햄스터-S 로봇의 구조

햄스터-S 로봇은 크기가 3.5×4cm로 책상 위에서 활동할 수 있게 설계된 작고 깜찍한 로봇입니다.

❶ 바퀴: 스테핑 모터와 위성 기어 감속기로 속도 제어 가능

❷ 전원 스위치: 위로 올리면 ON, 아래로 내리면 OFF

❸ 보조 전원 포트: 3.7V 리튬 폴리머 전지

❹ 바닥 센서: 바닥 센서를 활용한 라인 트레이싱(선을 인식하여 따라가는 코딩 학습 가능)

❺ 조도 센서: 빛의 밝기 감지

❻ 근접 센서: 전면의 근접 센서로 손이나 사물 감지

❼ LED: 풀컬러 LED로 변경되면서 사용자가 원하는 색으로 재연 가능(주변 환경에 따라 보이는 색이 다를 수 있음)

❽ 피에조 스피커: 피에조 스피커를 활용해 버저음을 내거나 음악 연주

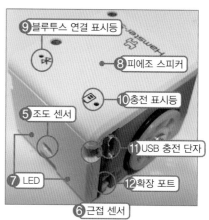

❾ 블루투스 연결 표시등: 전원을 켰을 때 파란색으로 깜박이고, 블루투스가 연결되면 파란색 표시등이 계속 켜져 있음. 파란색으로 빠르게 깜박일 때는 데이터를 받는 상태

❿ 충전 표시등: 충전 시 빨간색으로 표시되고, 완료되면 꺼짐. 완전 충전 시 1시간 사용

⓫ USB 충전 단자: 마이크로 5핀 충전기로 손쉽게 충전

⓬ 확장 포트: 추가 확장 포트를 사용하여 더 많은 액세서리 연결 가능

블록코딩

햄스터 S-로봇을 움직이도록 하려면 먼저 컴퓨터와 연결하고 컴퓨터 프로그램을 작성해야 합니다. 프로그램을 작성하는 것을 다른 말로 코딩이라고 합니다. 코딩이란 C 언어, 자바, 파이썬 등 프로그래밍 언어(Programming Language)로 프로그램을 만드는 것을 뜻하는데, 프로그래밍 언어를 모르는 사람도 쉽게 프로그래밍할 수 있는 블록코딩을 사용할 수도 있습니다. 블록 모양으로 된 명령어를 순서대로 연결하는 것을 블록코딩이라고 하고 대표적으로 엔트리와 스크래치가 있습니다. 블록코딩으로 컴퓨터 화면에서 캐릭터를 움직이게 할 수도 있고, 컴퓨터와 연결된 로봇을 움직이게 할 수도 있습니다.

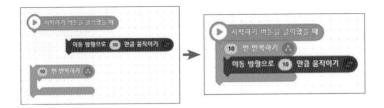

TIP **엔트리(Entry)**

엔트리는 네이버 커넥트재단에서 개발하고 운영하는 비영리 소프트웨어 교육에 활용하고 있습니다. 엔트리는 소프트웨어 교육 의무화와 함께 전국의 초등·중등 교과서에 채택되어 이에 맞춰 다양한 학습 콘텐츠를 제공하고 있습니다. 기존의 텍스트 코딩과 달리 블록을 조립하는 방식의 블록코딩을 기반으로 하는 프로그램입니다. 현재는 엔트리파이썬이라는 텍스트 코딩 프로그램도 제공하고 있습니다. 엔트리에서는 인공지능과 데이터 분석까지 경험할 수 있습니다.

02 、 로봇 코딩 준비하기

코딩 소프트웨어 설치하기

1 크롬 브라우저에서 '햄스터스쿨'을 검색한 후 검색 목록 중 '햄스터 스쿨'을 클릭하여 접속합니다.

> **URL** 햄스터스쿨 http://hamster.school/ko

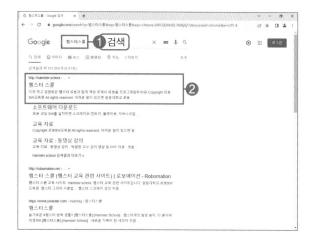

2 코딩에 활용할 프로그램을 설치하기 위해 [다운로드] 버튼을 클릭합니다.

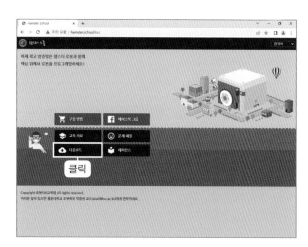

3 사용자의 PC에 맞는 OS와 버전을 확인한
후 알맞은 설치 파일을 클릭하여 다운로드
한 후 절차에 따라 설치를 진행합니다.

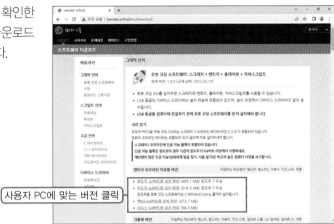

사용자 PC에 맞는 버전 클릭

4 설치가 완료되면 C 드라이브의 RobotCoding 폴더를 찾아 클릭합니다. 'RobotCoding.cmd' 파일을 더블
클릭합니다.

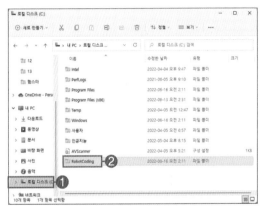
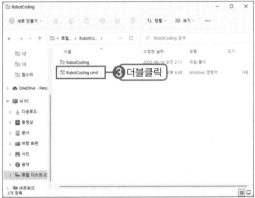

TIP C 드라이브의 RobotCoding 〉 RobotCoding 폴더 안의 'nw.
exe' 실행 파일을 더블클릭해도 프로그램이 실행됩니다.

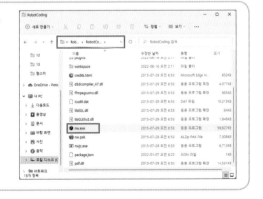

5 로봇 코딩 프로그램이 실행됩니다.

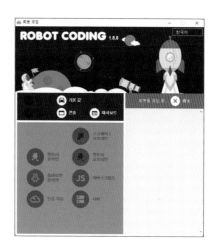

햄스터-S 로봇을 PC와 페어링하기

페어링은 블루투스 기기를 서로 연결하여 동작할 수 있도록 하는 과정으로 USB 동글과 햄스터-S 로봇을 서로 블루투스로 연결해 줍니다.

1 컴퓨터의 USB 포트에 USB 동글을 연결합니다. 블루투스 연결 표시등이 파란색으로 깜박이면 정상입니다.

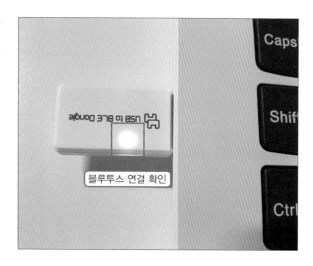

블루투스 연결 확인

2️⃣ 햄스터–S 로봇을 USB 동글과 15cm 이내
의 위치로 가져간 후 전원 스위치 올려 전
원을 켭니다. 햄스터–S 로봇에서 삑 소리를
내며 블루투스 연결 표시등에 파란색 불이
들어오거나 빠르게 깜박이면 정상입니다.

3️⃣ 페어링 후 로봇 코딩 프로그램이 햄스터–S
로봇을 인식하면 버튼이 활성화됩니다. [엔
트리 온라인]을 클릭합니다. 오른쪽에 햄스
터–S와 연결되었다고 표시됩니다.

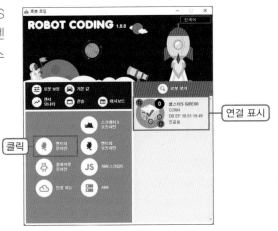

4️⃣ 로봇을 한 대 연결하려면 [단일 로봇]을, 여
러 대를 연결하려면 [여러 로봇]을 선택합니
다. 여기서는 단일 로봇을 클릭합니다.

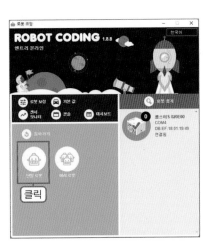

AI LIVE 웹캠을 PC에 연결하기

1 C타입의 케이블을 AI LIVE 웹캠 뒷면의 Type-C 포트에 연결합니다.

2 C타입 케이블 반대편의 USB는 PC의 USB 포트에 연결합니다. AI LIVE 웹캠은 Plug & Play 제품으로 별도의 소프트웨어를 설치하지 않아도 웹캠을 바로 사용할 수 있습니다.

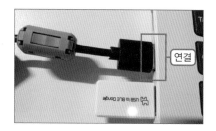

TIP **AI LIVE 웹캠의 마이크 소리가 작을 때 설정 방법**

① 윈도우 메뉴에서 [설정] - [개인 설정] - [테마]를 클릭합니다. [소리]를 클릭합니다.

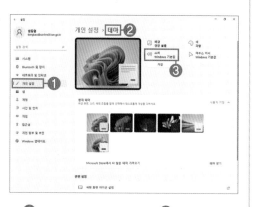

② [녹음] 탭 - [마이크] 위에서 마우스 오른쪽 버튼을 클릭한 후 [속성]을 클릭합니다. [마이크 속성] 대화상자에서 [사용자 지정] - [AGC]에 체크한 후 [확인] 버튼을 클릭합니다.

햄스터스쿨(http://hamster.school/ko)에서는 햄스터 로봇과 관련된 교육자료와 활동지 등을 PDF나 PPT 자료로 다운로드 받을 수 있고, 동영상 자료도 볼 수 있습니다. 소프트웨어와 관련된 프로그램 다운로드, 문제 해결뿐만 아니라 로봇 과학 교구를 구매할 수 있습니다.

❶ 햄스터스쿨 사이트에서 [구입 방법]을 클릭합니다.

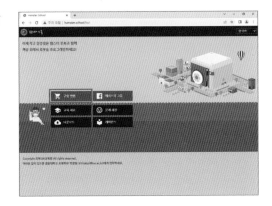

❷ 교육 기관 할인과 판매 제품 목록 등을 볼 수 있습니다. 구입할 제품이 있는 경우 [구입하러 가기] 버튼을 클릭합니다.

❸ 햄스터 로봇은 물론 AI LIVE 웹캠, 햄스터 로봇과 관련된 활동지 등을 구매할 수 있습니다.

Step 03 、 손짓으로 햄스터 움직이기

엔트리 접속하기

엔트리(Entry)는 네이버 커넥트재단에서 개발하고 운영하는 소프프웨어 교육 플랫폼으로 기존의 텍스트 코딩과 달리 블록을 조립하는 방식으로 코딩하는 프로그램입니다.

1 크롬 브라우저를 실행한 후 주소표시줄에 'https://playentry.org'를 입력하여 엔트리에 접속합니다. 오른쪽 상단의 [로그인] 버튼을 클릭합니다. 엔트리의 계정이 있으면 [아이디로 로그인] 버튼을 클릭합니다. 엔트리에 회원가입이 되어 있지 않으면 [회원가입] 버튼을 클릭하여 절차에 따라 회원가입을 합니다.

URL 엔트리 https://playentry.org

TIP 엔트리 사이트는 모니터 해상도나 브라우저 사이즈에 따라 화면이 다르게 보일 수 있습니다. 책과 달리 다음과 같은 화면일 때는 오른쪽 상단의 ≡를 클릭하면 [로그인] 및 [만들기] 메뉴가 있습니다.

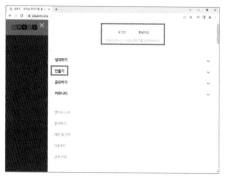

2 화면 상단 메뉴에서 [만들기] – [작품 만들기]를 클릭합니다.

3 엔트리 화면 구성은 그림과 같습니다. 온라인에서 직접 코딩 실습을 하고 자신의 작품을 만들 수 있습니다.

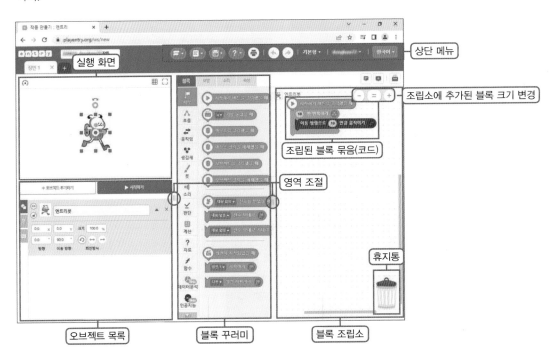

TIP

엔트리의 실행화면

코딩한 결과를 확인할 수 있는 곳입니다. 명령어를 통해 움직일 수 있는 오브젝트를 추가하여 조립소에서 블록 조립한 결과가 실행 화면에 나타납니다.

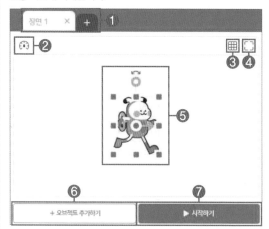

❶ 장면 탭: '+'를 클릭하여 장면 탭을 추가할 수 있습니다.

❷ 속도 조절: 작품이 실행되는 속도를 조절할 수 있습니다. 5단계로 조절할 수 있고, 오른쪽으로 갈수록 빨라집니다.

❸ 모눈종이: 실행 화면 위에 좌표가 표시됩니다. 실행 화면의 좌표는 중앙(0,0)을 중심으로, 가로 방향으로 -240~240, 세로 방향으로 -135~135로 이루어져 있습니다.

❹ 크게 보기: 실행 화면을 크게 볼 수 있습니다.

❺ 오브젝트: 명령어를 통해 움직일 수 있는 것들로 캐릭터, 사물, 글상자, 배경 등이 있습니다. 처음 실행하면 그림처럼 엔트리봇이 추가되어 있습니다.

❻ 오브젝트 추가하기: 새로운 오브젝트를 추가할 수 있습니다.

❼ 시작하기: 블록 조립소에 조립한 블록 코딩 작품을 실행하거나 정지할 수 있습니다.

블록 꾸러미

블록, 모양, 소리, 속성 탭으로 구성되어 있습니다.

• 블록: 오브젝트를 움직일 수 있는 다양한 명령어 블록이 있습니다.

• 모양: 오브젝트의 모양을 추가하거나 이름을 수정하고 복제하는 등의 작업을 할 수 있습니다.

• 소리: 오브젝트가 내는 소리를 관리하는 곳으로 새롭게 소리를 추가할 수 있습니다.

• 속성: 코드에 관여하는 변수나 신호, 리스트, 함수를 추가할 수 있습니다.

블록 조립소

블록 꾸러미에서 블록을 끌어와 블록 조립소에서 조립할 수 있습니다. 이렇게 조립된 블록 묶음을 코드라고 합니다.

🤖 비디오를 감지하는 코드 작성하기

1 삭제할 블록 위에서 마우스 오른쪽 버튼을 눌러 [코드 삭제]를 클릭합니다. 블록 안에 포함된 블록까지 삭제됩니다.

2 [블록] 탭의 [인공지능] 블록 꾸러미를 클릭한 후 [인공지능 블록 불러오기] 버튼을 클릭합니다.

> 💡 인공지능 활용 블록은 인터넷이 연결되어 있어야 정상적으로 동작합니다.

③ 인공지능 블록 불러오기에서 [비디오 감지]를 선택한 후 [불러오기] 버튼을 클릭합니다. 비디오 감지 블록 꾸러미를 불러오는 동안 기다립니다.

④ 비디오 화면을 감지하는 코드를 작성합니다. 카메라 바꾸기 블록에서 미리 설치해 둔 AI LIVE 웹캠인 'A2L USB Camera'로 설정합니다.

TIP **웹캠 변경하기**

AI LIVE 웹캠이 아닌 다른 웹캠이나 노트북에 내장된 웹캠을 사용해도 햄스터-S 로봇을 움직일 수 있습니다. 카메라 바꾸기 블록에서 원하는 웹캠으로 설정한 후 주소표시줄 오른쪽의 ▥를 클릭하여 [관리] 버튼을 클릭한 후 카메라에서 원하는 웹캠을 선택하여 설정합니다. 카메라 웹캠의 설정을 변경한 후 엔트리에서 새로고침하면 설정한 웹캠으로 활동할 수 있습니다.

햄스터-S 로봇을 움직이게 하는 코드 작성하기

엔트리봇에서 손을 좌우로 흔들어서 동작을 감지하면 햄스터-S 로봇이 이동하도록 코딩해 보겠습니다.

1 [흐름] 블록 꾸러미에서 블록을 가져와 조립합니다.

2 [판단] 블록 꾸러미에서 ◀ 10 ▶ 10 ▶ 블록을 가져와 **1**번 블록의 '참' 부분에 끼워 넣습니다.

3 [인공지능] 블록 꾸러미에서 자신▼ 에서 감지한 움직임▼ 값 블록을 가져와서 **2**번 블록의 앞쪽 '10'에 끼워 넣은 후 [움직임]을 [좌우방향]으로 설정합니다. 뒤쪽 '10'은 '50'으로 설정합니다.

> **TIP** 코딩을 마치고 실행해 손을 좌우로 흔들어 좌우 방향의 값이 변화하는 것을 확인한 후 판단 블록의 값을 작성하는 것이 좋습니다. 여기서는 '50'보다 큰 경우 움직이도록 10을 50으로 변경했습니다.

[하드웨어] 블록 꾸러미를 클릭한 후 [하드웨어 연결하기] 버튼을 클릭하여 하드웨어 관련 블록을 불러옵니다.

햄스터-S 로봇과 USB 동글이 PC에 연결되어 있어야 하드웨어 관련 블록 꾸러미를 불러올 수 있습니다.

5 [하드웨어] 블록 꾸러미에서 앞으로 5 cm 이동하기 블록을 가져와 과정 3 블록 안에 끼워 넣어 조립합니다. 실행 화면에서 [▶시작하기] 버튼을 클릭합니다.

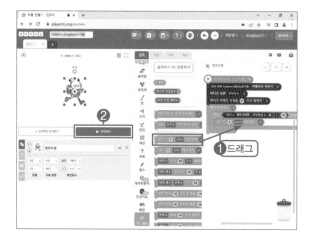

6 실행 화면에 웹캠에서 비추는 장면이 나타 나면 손바닥을 웹캠을 향하게 하여 엔트리 봇 주변에 위치하게 합니다.

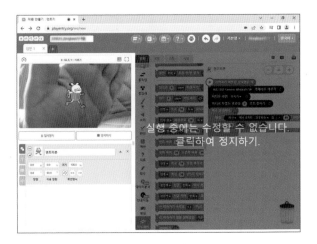

7 엔트리봇 주변에서 손을 좌우로 움직여 봅 니다. 좌우방향의 값을 확인하고 판단 블록 의 값(**3**)을 수정해야 하는지 살펴봅니다.

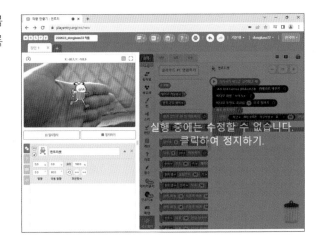

8 준비한 활동지의 '0'의 위치에 햄스터-S를 놓아둡니다.

 본문 마지막에 자와 같이 cm가 숫자로 표기된 활동지가 수록되어 있습니다.

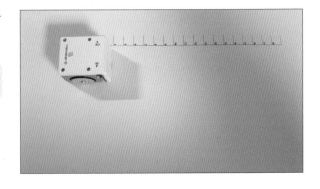

9 좌우로 움직이는 손짓에 의해 햄스터-S가 5cm 이동합니다. 햄스터-S는 계속해서 좌우로 움직이는 손짓을 감지하면 5cm만큼 이동합니다.

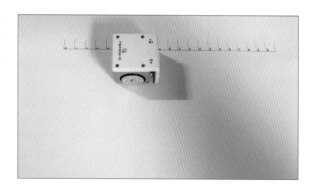

10 왼쪽 상단에 작품 이름을 '동작감지'라고 변경한 후 상단 메뉴 중 [📷]-[저장하기]를 클릭하여 저장합니다.

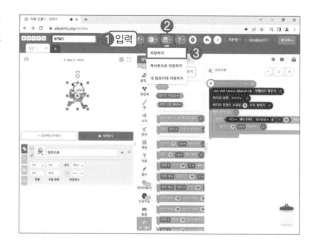

1. **인공지능 로봇:** 센서를 통해 외부 환경을 인식하여 마치 사람처럼 스스로 상황을 판단해 자율적으로 움직이는 로봇을 의미합니다.

2. **햄스터-S 로봇:** 다양한 센서를 활용할 수 있는 소프트웨어 교육용 로봇으로 여러 가지 프로그래밍 언어를 사용할 수 있습니다. 기본 구성은 본체와 USB 동글이며, 블루투스 연결을 통해 햄스터 로봇에게 명령을 전달합니다.

3. **코딩 소프트웨어 설치하기**
   - 햄스터스쿨(http://hamster.school/ko)에 접속하여 사용자의 PC에 맞는 설치 파일을 다운로드 하여 설치합니다.
   - 설치가 완료되면 C 드라이브의 RobotCoding 폴더에서 RobotCoding.cmd 파일을 더블클릭합니다.

4. **햄스터-S 로봇을 PC와 페어링하기**
   - USB 동글을 컴퓨터의 USB 포트에 연결하면 블루투스 연결 표시등이 파란색으로 깜박입니다.
   - 햄스터-S 로봇을 USB 동글과 15cm 이내의 위치에서 전원 스위치 올려 전원을 켭니다. 로봇의 블루투스 표시등에 파란색 불이 깜박입니다.
   - 페어링 후 로봇 코딩 프로그램이 햄스터-S 로봇을 인식하면 버튼들이 활성화됩니다. [엔트리 온라인]을 클릭하고, 로봇을 한 대 연결하려면 [단일 로봇]을, 여러 로봇을 연결할 때는 [여러 로봇]을 선택합니다.

5. **AI LIVE 웹캠을 PC에 연결하기:** C타입의 케이블을 AI LIVE 웹캠 뒷면 Type-C 포트에 연결하고 반대편은 PC의 USB 포트에 연결합니다.

6. **엔트리에 접속하여 코딩하기**
   - 엔트리 사이트(https://playentry.org)에 접속하여 로그인합니다. 메뉴에서 [만들기] – [작품 만들기]를 클릭합니다.
   - [블록] 탭의 [인공지능] 블록 꾸러미를 클릭한 후 [인공지능 블록 불러오기] 버튼을 클릭하여 [비디오 감지] 블록 꾸러기를 불러옵니다.
   - 웹캠에 동작이 감지되면 햄스터-S 로봇이 움직이도록 블록을 조립하여 코딩합니다.
   - 원하는 대로 코딩을 완료한 후 작품 이름을 변경하고, 상단 메뉴에서 [🖬▾] – [저장하기]를 클릭하여 저장합니다.

1. 블루투스 기기를 서로 연결하여 동작할 수 있도록 해주는 과정을 무엇이라고 할까요?

    ① 코딩 ② 페어링

    ③ 와이파이 ④ Plug&Play

2. 블록 코딩을 주로 사용하는 교육용 소프트웨어는 다음 중 무엇일까요?

    ① C 언어 ② 자바

    ③ 파이썬 ④ 엔트리

3. 엔트리봇에 움직이는 정도가 '100'보다 큰 동작이 감지되면 햄스터-S 로봇이 제자리에서 왼쪽으로 90°
   이동하도록 코딩하세요.

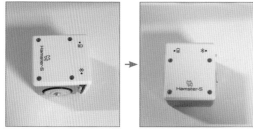

14

햄스터-S
로봇 2

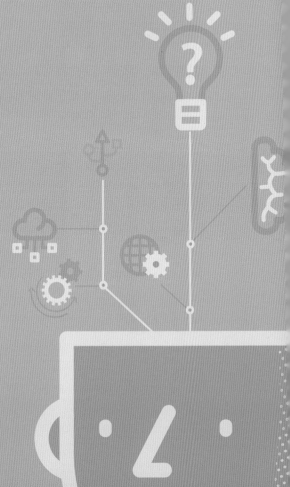

인공지능의 기본 동작 원리는 '인식 – 이해 – 반응' 이렇게 세 단계로 구분할 수 있습니다. '인식'은 카메라를 통해 비디오를 감지하여 이루어집니다. 엔트리에서는 비디오 감지를 통한 인공지능 블록을 제공하여 사람을 인지하고, 인지한 사람의 움직임을 이해하고 반응하는 과정을 거쳐 햄스터–S 로봇이 움직이도록 할 수 있습니다. 사람을 인지하는 블록을 사용하여 햄스터–S 로봇을 배달할 수 있도록 코딩해 보겠습니다.

학습목표
- 햄스터–S 로봇에 그리퍼를 장착할 수 있습니다.
- 엔트리에서 하드웨어 블록 꾸러미를 불러와 햄스터–S 로봇에 장착한 그리퍼의 집게를 열고 닫게 코딩할 수 있습니다.
- 엔트리의 사람 인지 블록을 활용해 햄스터–S 로봇을 여러 방향으로 이동하도록 코딩할 수 있습니다.

실습 예제
- 집게조정: http://naver.me/xKNAfanM
- 배달: http://naver.me/5ZO6X9T4

미리보기

▲ 사람의 동작을 인지하여 움직이는 햄스터–S 로봇

엔트리의 사람 인식

엔트리의 인공지능 블록

인공지능(AI)이란 인간의 지혜나 사고방식을 모방하도록 학습시켜 인간과 유사한 능력을 갖는 프로그램입니다. 그 능력은 인간과 비슷할 수도, 훨씬 뛰어날 수도 있습니다.

엔트리에서는 인공지능 블록으로 코딩하여 인공지능을 체험할 수 있습니다. 또한, 인공지능 모델을 직접 학습시키며 머신러닝의 원리를 자연스럽게 배울 수 있습니다. 엔트리에서 제공하는 인공지능 블록은 번역, 비디오 감지, 오디오 감지, 읽어주기 이렇게 4가지 종류가 있습니다.

- **번역**: 파파고를 이용해 다른 언어로 번역할 수 있는 블록 모음
- **비디오 감지**: 카메라를 이용해 사람(신체), 얼굴, 사물 등을 인식하는 블록 모음
- **오디오 감지**: 마이크를 이용해 소리와 음성을 감시할 수 있는 블록 모음
- **읽어주기**: nVoice 음성 합성 기술을 이용해 다양한 목소리로 문장을 읽는 블록 모음

 인공지능 블록 꾸러미는 인터넷이 연결되어 있어야 사용할 수 있습니다.

엔트리의 비디오 감지 블록

인공지능의 기본 동작 원리는 '인식 – 이해 – 반응' 이렇게 세 단계로 구분할 수 있는데, '인식' 부분에서 비디오 감지가 필요하고, 비디오 감지를 위해서는 반드시 카메라가 필요합니다.

엔트리의 비디오 감지 블록은 카메라로 입력되는 영상을 통해 사람, 얼굴, 사물을 인식하는 블록입니다. 비디오 감지 블록을 사용하여 햄스터-S 로봇이 다양한 반응을 하도록 코딩할 수 있습니다.

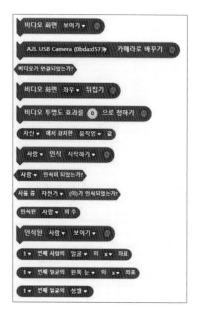

▲ 비디오 감지 블록

> **TIP** **비디오 감지 블록의 로딩 시간**
>
> 비디오 감지 블록은 처음 작동할 때 30~60초 로딩 시간이 필요합니다. 로딩 시간은 컴퓨터 사양이나 네트워크 상태에 따라 달라질 수 있습니다. 새로고침하거나 다시 접속하면 로딩이 다시 진행되고 비디오 감지 블록을 반복 블록 안에 넣으면 로딩 시간이 더욱 느려집니다.
>
>

햄스터-S 로봇에 그리퍼 장착하기

🤖 그리퍼 장착하기

1 햄스터-S 로봇과 그리퍼를 준비합니다.

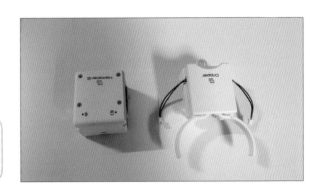

> **TIP** 그리퍼(Gripper)는 사람의 동작을 흉내 내는 동작 감지기이며, 물체를 쥐어 가공하도록 하는 장비입니다.

2 그리퍼를 햄스터-S 로봇 위에 올립니다.

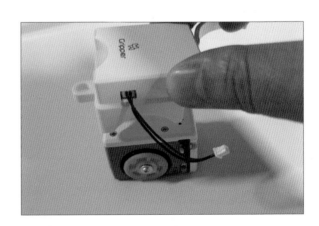

3 그리퍼의 양쪽 케이블을 햄스터-S 로봇의 확장 포트에 각각 연결하여 장착합니다. 햄스터-S 로봇에 그리퍼가 장착된 모습입니다.

 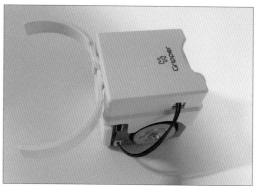

그리퍼의 집게 열고 닫기 코딩하기

1 햄스터-S 로봇과 USB 동글을 페어링합니다. 햄스터-S 로봇에 그리퍼를 장착합니다. 로봇 코딩 프로그램을 실행하고 햄스터-S 로봇을 인식시켜 온라인 엔트리와 연결합니다.

2 엔트리의 상단 메뉴에서 [만들기] – [작품 만들기]를 클릭합니다.

3 왼쪽 상단에 작품 이름을 '집게조정'이라고 변경한 후 삭제할 블록 위에서 마우스 오른쪽 버튼을 눌러 [코드 삭제]를 클릭합니다.

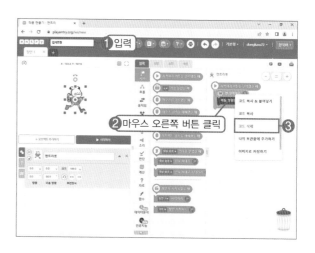

4 [블록] 탭 - [흐름] 블록 꾸러미에서

를 가져와 조립합

니다.

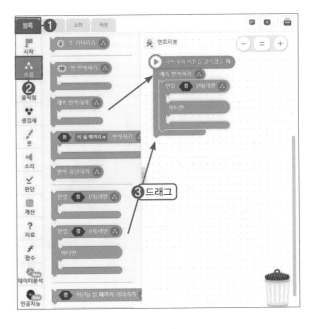

5 [판단] 블록 꾸러미에서 마우스를 클릭했는가?를 가
져와 '참' 부분에 끼워 넣습니다.

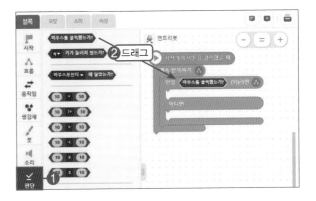

6 [하드웨어] 블록 꾸러미에서 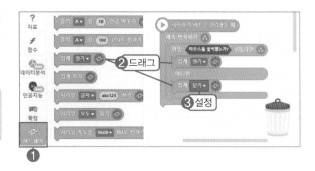 를 참일 때, 집게 닫기▼ 를 거짓일 때 끼워 넣습니다.

TIP [하드웨어] 블록 꾸러미를 클릭한 후 하드웨어를 처음 연결했을 때는 [하드웨어 연결하기] 버튼을 클릭하여 관련 블록을 불러와야 합니다.

7 실행 화면에서 [▶시작하기] 버튼을 클릭하면 그리퍼의 집게가 닫힙니다. 마우스 왼쪽 버튼을 누르면 집게가 열리고, 왼쪽 버튼에서 손을 떼면 집게가 닫힙니다. 즉, 마우스를 클릭할 때만 집게가 열립니다.

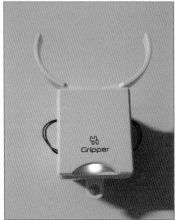

8 상단 메뉴에서 [🖴▾] - [저장하기]를 클릭하여 저장합니다.

사람 인식으로 햄스터 배달시키기

배달 신호와 비디오 감지 코드 만들기

1 PC에 AI LIVE 웹캠을 연결합니다.

2 엔트리의 상단 메뉴에서 [만들기] – [작품 만들기]를 클릭합니다. 왼쪽 상단의 작품 이름을 '배달'로 변경 하고, (▶ 시작하기 버튼을 클릭했을 때) 블록을 제외하고 다른 블록을 삭제합니다.

3 [블록] 탭의 [인공지능] 블록 꾸러미를 클릭 한 후 [인공지능 블록 불러오기] 버튼을 클 릭합니다.

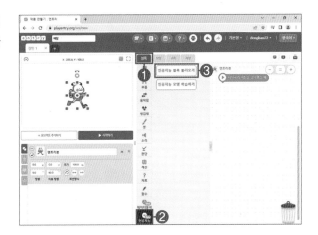

4 인공지능 블록 불러오기에서 [비디오 감지] 를 선택한 후 [불러오기] 버튼을 클릭합니 다. 비디오 감지 블록 꾸러미를 불러오는 동 안 기다립니다. 컴퓨터 사양이나 네트워크 상태에 따라 시간이 걸릴 수도 있습니다.

5 햄스터-S 로봇이 바닥의 라인을 따라 이동
하도록 지시할 때 사용할 신호를 추가합니
다. [속성] 탭 – [신호]를 클릭한 후 [신호 추
가하기] 버튼을 클릭합니다. 신호의 이름을
'배달'이라고 입력한 후 [확인] 버튼을 클릭
합니다.

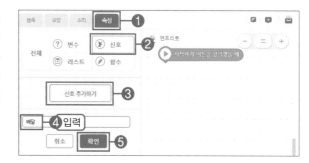

6 불러온 비디오 감지 블록 꾸러미의 블록을
활용하여 비디오 화면을 감지하는 코드를  작성한 후 [하
드웨어] 블록 꾸러미에서 집게 열기▼ 를 불
러옵니다.

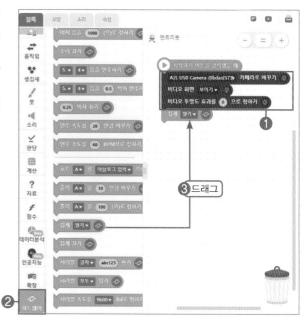

TIP **카메라 화면의 투명도를 설정하는 블록**

비디오 투명도 효과를 0 으로 정하기

엔트리 실행 화면에 나오는 카메라 화면의 투명도를 설정합니다. 투명도가 '0'이면 카메라로 보는 것처럼 실행 화면이 깨끗
하게 보이고, 투명도가 '100'이면 실행 화면은 하얗게 나옵니다. 카메라의 화면을 흰막 없이 깨끗하게 보이게 하려면 투명도
를 '0'으로 설정해야 합니다.

🤖 사람 인식 블록으로 햄스터-S 로봇 반응하기

1 [블록] 탭 – [흐름] 블록 꾸러미에서
[계속 반복하기], [만일 참 (이)라면]를 가져와 조립
합니다.

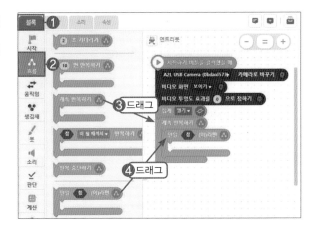

2 [판단] 블록 꾸러미에서 [참 또는▼ 거짓]
을 가져와 1번 블록의 '참' 부분에 끼워 넣은
후 '참'과 '거짓'에 [10 > 10]을 각각 끼워
넣습니다.

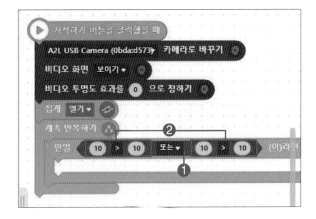

3 **2** 과정의 첫 번째 [10 > 10] 블록의
앞쪽 '10'에 [하드웨어] 블록 꾸러미에서
[왼쪽 근접 센서▼]를 가져와 조립하고 뒤쪽 10은
'50'으로 변경합니다. 두 번째 [10 > 10]
블록의 앞쪽 '10'에 [왼쪽 근접 센서▼]를 끼워 넣
은 후 [오른쪽 근접 센서▼]로 변경하고, 뒤쪽 10
은 '50'으로 변경합니다.

4 [흐름] 블록 꾸러미에서 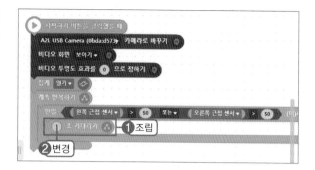 를 가져와 **3**번의 블록 안에 끼워 넣은 후 '2'를 '1'초로 변경합니다.

5 [하드웨어] 블록 꾸러미에서 ◻◻◻ 를 가져와 **4**번 블록 아래 끼워 넣어 조립합니다.

TIP 왼쪽 근접 센서 값 또는 오른쪽 근접 센서 값이 '50'을 초과하면 햄스터-S 로봇 앞에 컵이 있는 것으로 판단하고 그리퍼의 집게가 닫혀서 앞에 있는 컵을 집게 됩니다.

6 [인공지능] 블록 꾸러미에서 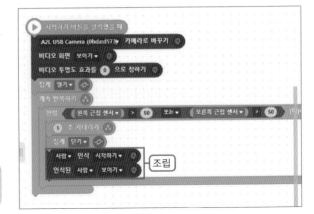 와 를 가져와 차례로 끼워 넣습니다.

조립

TIP 집게가 닫히고 컵을 잡으면 사람을 인식해 실행 화면에 보이게 됩니다.

7 사람 인식 코딩이 제대로 되는지 확인하기 위해 햄스터-S 로봇 앞에 컵을 놓아두고 실행 화면의 [▶시작하기] 버튼을 클릭하면 햄스터-S 로봇의 그리퍼 집게가 앞의 컵을 집게 됩니다.

8 비디오가 사람을 인식해 실행 화면에 보이기 시작하면 점과 선이 나타납니다. 신체의 좌표값을 활용할 수 있게 됩니다.

좌표값

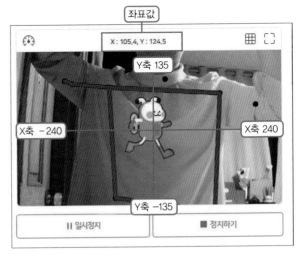

🤖 햄스터-S 로봇이 배달할 방향 정하기

1 [흐름] 블록 꾸러미에서 `2 초 기다리기` 를 가져와 앞의 과정에 이어 인공지능 블록 아래 끼워 넣은 후 '2'를 '1'초로 변경합니다.

2 [하드웨어] 블록 꾸러미에서 `삐▼ 소리 1 번 재생하고 기다리기` 를 가져와서 **1**번 블록 아래에 끼워 넣습니다.

3 [흐름] 블록 꾸러미에서  를 가져와 **2**번 블록 아래에 끼워 넣습니다.

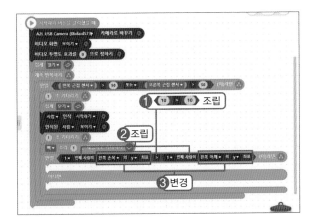

4 [판단] 블록 꾸러미에서 `10 > 10` 을 가져와 **3**번 블록의 '참'에 끼워 넣습니다. [인공지능] 블록 꾸러미에서 `1▼ 번째 사람의 얼굴▼ 의 x▼ 좌표` 를 가져와 앞쪽 '10'과 뒤쪽 '10'에 각각 끼워 넣은 후 앞쪽은 '1번째 사람의 왼쪽 손목의 y 좌표'로 변경하고, 뒤쪽은 '1번째 사람의 왼쪽 어깨의 y 좌표'로 변경합니다.

5 [하드웨어] 블록 꾸러미에서 `왼쪽▼ 으로 90 도▼ 제자리 돌기` 를 가져와 끼워 넣고 '90도'를 '0.3초'로 변경합니다.

6 [시작] 블록 꾸러미에서 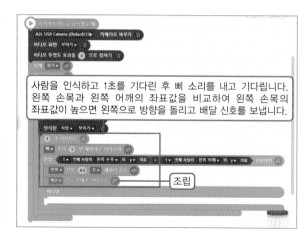 를 가져와 5번 과정 블록 아래 끼워 넣습니다.

사람을 인식하고 1초를 기다린 후 삐 소리를 내고 기다립니다. 왼쪽 손목과 왼쪽 어깨의 좌표값을 비교하여 왼쪽 손목의 좌표값이 높으면 왼쪽으로 방향을 돌리고 배달 신호를 보냅니다.

조립

TIP 블록을 사용하여 햄스터-S 로봇이 방향을 전환할 때 '0.3초'로 설정하였는데, 코딩을 완료한 후 활동지 위에 햄스터-S 로봇을 놓고 실행하면서 배달할 길과 맞지 않으면 '~초'나 '~도'로 수정합니다.

7 '만일 ∼ 아니면∼' 블록 위에서 마우스 오른쪽 버튼을 누른 후 [코드 복사 & 붙여넣기]를 클릭합니다.

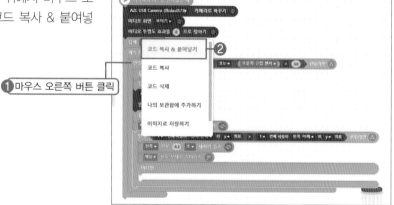

① 마우스 오른쪽 버튼 클릭

코드 복사 & 붙여넣기 ②
코드 복사
코드 삭제
나의 보관함에 추가하기
이미지로 저장하기

8 복제한 코드를 '아니면∼' 아래에 끼워 넣습니다. 오른쪽 방향으로 돌리는 코드를 만들기 위해 '왼쪽 손목'은 '오른쪽 손목'으로, '왼쪽 어깨'는 '오른쪽 어깨'로 변경합니다.

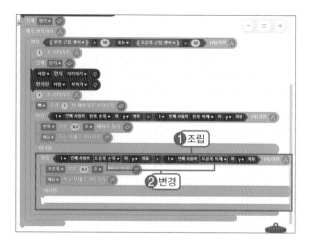

① 조립

② 변경

9 [시작] 블록 꾸러미에서 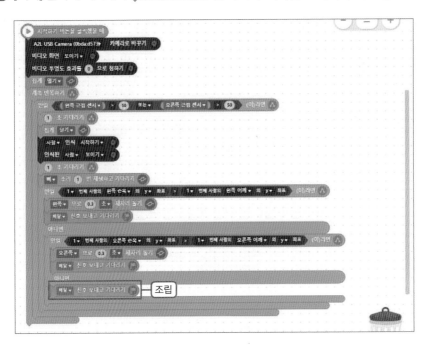 를 가져와 '아니면~' 아래에 끼워 넣습니다.

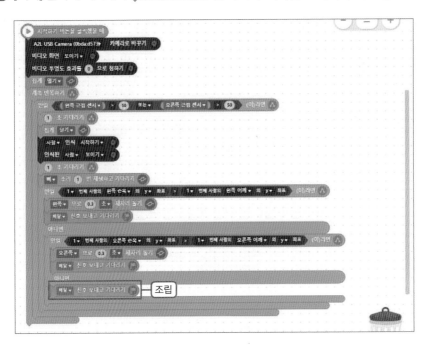

🤖 배달 신호를 받았을 때 코드 작성하기

1 배달 신호를 받았을 때 배달하는 코드를 작성하기 위해 [시작] 블록 꾸러미에서 ⬡배달▼ 신호를 받았을 때 을 블록 조립소로 가져옵니다.

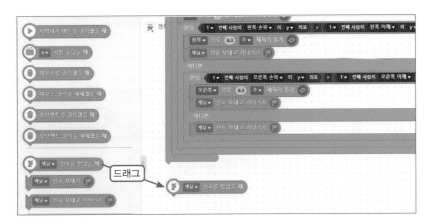

2 [하드웨어] 블록 꾸러미에서 [검은색▾ 선을 따라 앞쪽▾ 교차로까지 이동하기 ⟳]를 가져와 조립합니다.

TIP 햄스터-S 로봇의 바닥센서에 의해 검은색 선을 따라 이동할 수 있습니다

3 교차로에 도착하면 집게를 열어서 컵을 놓아야 하므로 [하드웨어] 블록 꾸러미에서 [집게 열기▾ ⟳]와 [집게 끄기 ⟳]를 가져와 조립합니다.

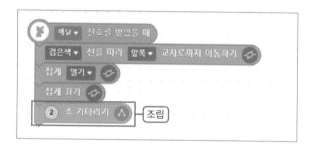

4 배달을 완료하였으므로 햄스터-S 로봇을 처음 출발 위치로 옮겨서 배달 준비를 해야 합니다. [흐름] 블록 꾸러미에서 [2 초 기다리기 ⋀]를 가져와 조립합니다. 2초 기다리는 동안 햄스터-S 로봇을 출발 위치로 옮겨 놓을 수 있습니다.

5 활동지를 준비하고 햄스터-S 로봇을 출발 위치에 놓은 후 그 앞에 컵을 놓습니다.

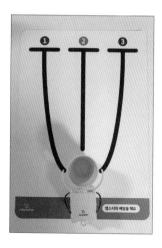

6 실행 화면에서 [▶시작하기] 버튼을 클릭합니다. 햄스터-S 로봇이 로봇 앞의 컵을 감지하여 집게로 잡습니다. 웹캠이 사람을 인식하면 삐 소리를 내고 기다립니다.

왼쪽 손목을 왼쪽 어깨보다 높게 하면 햄스터-S 로봇이 왼쪽으로 0.3초간 돌려서 검은색 선을 따라 교차로까지 이동하고 컵을 활동지의 ❶번 자리에 배달합니다.

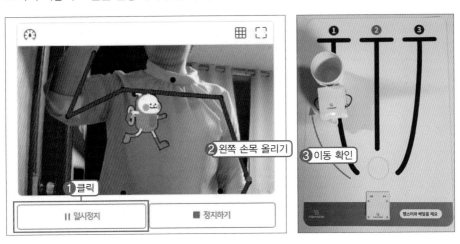

7 배달이 끝나면 코딩한 집게가 꺼진 2초 동안 햄스터-S 로봇과 컵을 출발 위치로 옮겨 놓습니다.

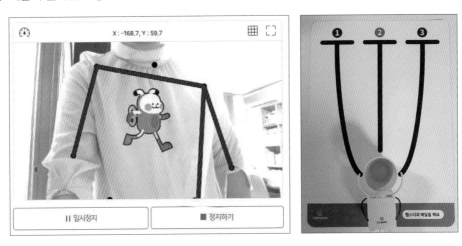

💡 2초가 지나면 왼쪽이나 오른쪽 손목을 움직이지 않으면 ❷번으로 배달합니다.

8 이번에는 오른쪽 손목을 오른쪽 어깨보다 높이 올려 햄스터-S 로봇이 오른쪽으로 0.3초간 돌려서 활동지의 ❸번 자리로 배달하도록 합니다. 햄스터-S 로봇과 컵을 다시 배달 위치로 이동한 후 양쪽 손목을 움직이지 않으면 그대로 ❸번에 배달하는 것을 확인할 수 있습니다. [정지하기] 버튼을 클릭하여 배달을 중지합니다.

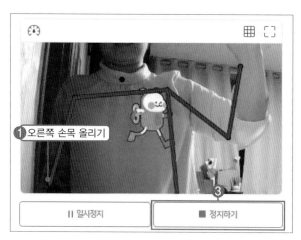
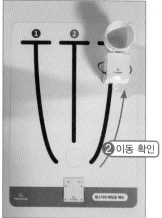

9 코드를 수정할 곳이 있으면 수정하고, 이상이 없으면 상단 메뉴에서 [▣▪] - [저장하기]를 클릭하여 저장합니다.

1. 엔트리의 인공지능 블록

- 번역: 파파고를 이용한 다른 언어로 번역할 수 있는 블록 모음입니다.
- 비디오 감지: 카메라를 이용하여 사람(신체), 얼굴, 사물 등을 인식하는 블록 모음입니다.
- 오디오 감지: 마이크를 이용하여 소리와 음성을 감지할 수 있는 블록 모음입니다.
- 읽어주기: nVoice 음성 합성 기술을 이용해 다양한 목소리로 문장을 읽는 블록 모음입니다.

2. 햄스터-S 로봇에 그리퍼 장착하기

- 햄스터-S 로봇과 그리퍼를 준비하고 그리퍼를 햄스터-S 로봇 위에 올립니다.
- 그리퍼의 양쪽 케이블을 햄스터-S 로봇의 확장 포트에 각각 연결합니다.

3. 엔트리의 사람 인식 관련 블록

- `사람▼ 인식 시작하기▼` 모델 인식을 시작하거나 중지합니다. 목록 버튼을 사용하여 사람/얼굴/사물 중에서 설정할 수 있습니다.
- `사물 중 사람 (이)가 인식되었는가?` 선택한 사물을 인식했다면 참, 아니면 거짓으로 판단하는 블록입니다. 목록 버튼을 클릭해 인식 여부를 확인할 사물이나 사람 등을 선택할 수 있습니다.
- `인식된 사람▼ 의 수` 인식한 모델의 수를 가져오는 값 블록입니다. 목록 버튼을 클릭하여 인식한 수를 가져올 수 있습니다.
- `인식한 사람▼ 보이기▼` 인식한 모델을 실행화면에서 보이거나 숨깁니다. 목록 버튼을 사용하여 사람, 얼굴, 사물 중에서 선택하고, 보이거나 숨기기도 설정할 수 있습니다.
- `1▼ 번째 사람의 얼굴▼ 의 x▼ 좌표` 목록 버튼을 사용하여 사람의 신체 부위를 선택하고, x 또는 y 좌표를 가져오는 값 블록입니다.
- `1▼ 번째 얼굴의 왼쪽 눈▼ 의 x▼ 좌표` 목록 버튼을 사용하여 얼굴의 부위를 선택하고, x 또는 y 좌표를 가져오는 값 블록입니다.
- `1▼ 번째 얼굴의 성별▼` 목록 버튼을 사용하여 얼굴의 성별, 나이, 감정을 선택할 수 있는 블록입니다.

4. 엔트리 실행 화면의 좌표

카메라를 통해 사람을 인식하면 점과 선으로 나타나고, 신체의 좌표값을 활용하여 코딩할 수 있습니다.

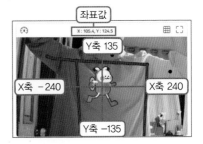

Quiz

1. 엔트리의 인공지능 블록에 해당하지 않은 것은 무엇일까요?

① 번역 　　　　　　　　② 읽어주기

③ 오디오 감지 　　　　　④ 하드웨어

2. 엔트리에서 사람 인지 블록으로 사람의 신체 부위를 선택하고, x 또는 y 좌표를 가져오는 값 블록은 어느 것일까요?

① 　`1▼ 번째 사람의 얼굴▼ 의 x▼ 좌표`　　② 　`1▼ 번째 얼굴의 왼쪽 눈▼ 의 x▼ 좌표`

③ 　`1▼ 번째 얼굴의 성별▼`　　④ 　`사물 중 사람▼ (이)가 인식되었는가?`

3. 햄스터–S 로봇이 10cm를 앞으로 컵을 배달하고, 배달 후에는 다시 뒤로 10cm 이동하여 제자리로 돌아오도록 코딩하세요. 단, 사람을 인지한 후에 왼쪽 어깨보다 왼쪽 손목을 높이 올렸을 때 배달하고, 배달 신호를 받으면 제자리로 돌아옵니다.

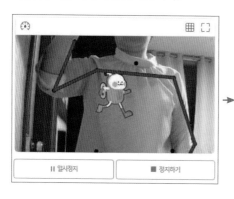

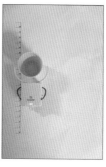

▲ 사람을 인지했을 때　　▲ 왼쪽 손목이 왼쪽 어깨보다 높이 올라갔을 때

15

햄스터-S
로봇 3

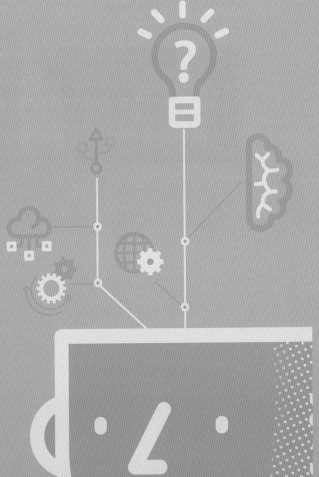

엔트리에서는 데이터 수집은 물론 인공지능 프로그램까지 만들 수 있습니다. 모델을 학습시켜 인공지능 블록을 만들고, 그 블록으로 다양한 창작 활동도 할 수 있습니다. 이번 섹션에서는 재활용품 이미지를 학습시키고 햄스터-S 로봇이 해당 재활용품이 있는 곳으로 이동하도록 코딩해 보겠습니다.

학습목표
- 이미지 모델을 학습시키고 분류하는 과정을 공부합니다.
- 새로 학습한 모델로 생성된 인공지능 블록을 사용하여 분리수거 코딩을 합니다.
- 함수를 활용하여 말판 위를 이동하는 코드를 작성합니다.

실습 예제
- 재활용분류: http://naver.me/x1abPv0a

미리보기

▲ 이미지 모델 학습과 재활용품을 분류하는 햄스터 S-로봇

01 ╲ 엔트리의 모델 학습

엔트리의 인공지능 모델 학습

엔트리에서 제공하는 인공지능 블록을 활용하여 다양한 작품을 만들 수 있습니다. 인공지능 모델 학습은 직접 모델을 학습시켜서 만든 블록을 조립해 작품을 만들 수 있습니다. 엔트리에서는 총 6가지의 인공지능 모델 학습하기가 가능합니다.

학습 데이터를 사용하는 분류 모델 학습

이미지	**텍스트**	**음성**
업로드 또는 웹캠으로 촬영한 이미지를 분류할 수 있는 모델을 학습합니다.	직접 작성하거나 파일로 업로드한 텍스트를 분류할 수 있는 모델을 학습합니다.	마이크로 녹음하거나 파일로 업로드한 음성을 분류할 수 있는 모델을 학습합니다.

데이터 테이블(숫자)을 사용하는 모델 학습

숫자	**예측**	**군집**
테이블의 숫자 데이터를 가장 가까운 이웃을 기준으로 각각의 클래스로 분류하는 모델을 학습합니다.	테이블의 숫자 데이터를 핵심 속성으로 삼아 예측 속성을 찾아내는 모델을 학습합니다.	테이블의 숫자 데이터를 핵심 속성으로 정한 수만큼의 묶음으로 만드는 모델을 학습합니다.

분류 모델 이미지

AI LIVE 웹캠을 활용한 모델 학습을 하려면 엔트리 인공지능 모델 학습하기에서 '분류:이미지'를 선택하여 모델을 학습시켜야 합니다. 분류 모델 이미지에서는 학습할 이미지를 업로드하거나 직접 촬영해서 데이터로 입력하고, 입력한 데이터를 직접 분류해서 학습시키면 사용자만의 인공지능 모델이 만들어집니다. 사용자만의 인공지능 모델의 블록을 활용하여 새로운 작품을 만들 수 있습니다.

이미지 모델의 '촬영' 모드는 카메라 사용이 가능한 크롬 브라우저에서만 사용할 수 있습니다. 다른 브라우저에서는 사용할 수 없거나 반응이 상당히 느려 작품을 만들기 어렵습니다.

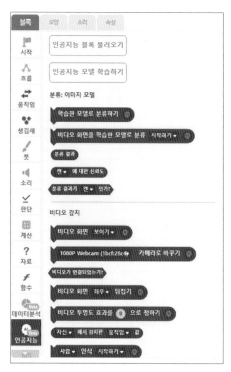

▲ 엔트리의 이미지 모델 분류 학습

▲ '분류: 이미지 모델'을 학습한 후 인공지능 블록 꾸러미에 블록이 추가된 모습

02 재활용 이미지 학습 모델 만들기

비디오 감지 코드 만들기

1 PC에 AI LIVE 웹캠을 연결합니다. 재활용 분류에 사용할 재활용품의 사진이 있는 활동지를 준비하거나 직접 재활용품 사진을 준비합니다.

2 엔트리의 상단 메뉴에서 [만들기] – [작품 만들기]를 클릭합니다.

3 왼쪽 상단에 작품 이름을 '재활용분류'로 변경한 후 삭제할 블록 위에서 마우스 오른쪽 버튼을 눌러 [코드 삭제]를 클릭합니다.

4 [블록] 탭의 [인공지능] 블록 꾸러미를 클릭한 후 [인공지능 블록 불러오기] 버튼을 클릭합니다.

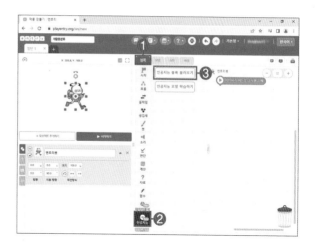

5 인공지능 블록 불러오기에서 [비디오 감지]를 선택한 후 [불러오기] 버튼을 클릭합니다. 비디오 감지 블록 꾸러미를 불러오는 동안 기다립니다. 컴퓨터 사양이나 네트워크 상태에 따라 시간이 걸릴 수도 있습니다.

6 불러온 비디오 감지 블록 꾸러미의 블록을 활용하여 비디오 화면을 감지하는 코드를 작성합니다. [인공지능 모델 학습하기] 버튼을 클릭합니다.

🤖 인공지능 모델 학습하기

1 [분류: 이미지]를 선택하고 모델을 학습시키기 위해 [학습하기] 버튼을 클릭합니다.

2 새로운 모델 이름을 '재활용'이라고 입력하고, 클래스1에 학습시킬 데이터의 이름을 '캔'이라고 입력합니다.

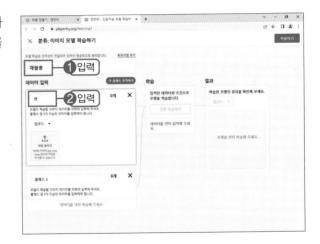

3 데이터 입력 방식은 '촬영'으로 설정합니다. 카메라에 모델을 비춘 후 📷를 클릭합니다.

4 카메라에 캔을 그림과 같이 여러 방향으로 비춘 후 ⬚를 클릭하면 데이터가 입력됩니다.

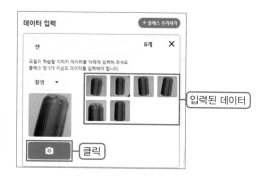

입력된 데이터

클릭

TIP 모델이 학습할 데이터는 5개 이상, 10개 이하로 입력해야 합니다. 데이터가 10개를 초과하면 모델 데이터는 비활성화됩니다.

5 클래스2에도 같은 방법으로 데이터를 입력합니다. [+클래스 추가하기] 버튼을 클릭하면 클래스를 추가할 수 있습니다. 클래스를 2개 더 추가하여 '페트', '종이'에 대한 데이터를 같은 방법으로 입력합니다. 데이터 입력을 완료하면 모델을 학습하기 위해 [모델 학습하기] 버튼을 클릭합니다.

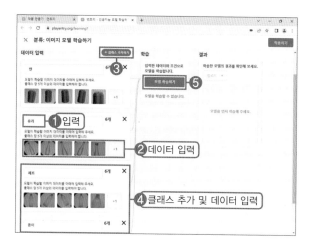

① 입력
② 데이터 입력
④ 클래스 추가 및 데이터 입력

6 입력한 데이터와 조건으로 모델 학습이 시작되면 완료될 때까지 기다립니다.

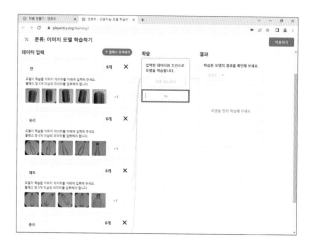

7 모델의 학습 결과를 확인하기 위해 방식을 '촬영'으로 설정한 후 카메라에 모델을 비춰 봅니다. 결과값이 페트에 가장 가까운 것을 확인할 수 있습니다.

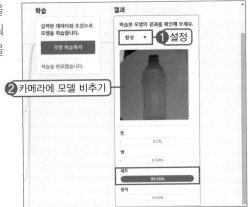

8 학습시키지 않은 새로운 페트병 모델을 카메라에 비춰봐도 결과값이 페트에 가장 가까운 것을 확인할 수 있습니다. 다른 모델도 확인해 본 후 학습시킨 모델을 적용하려면 [적용하기] 버튼을 클릭합니다.

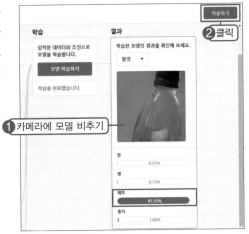

9 [인공지능] 블록 꾸러미에 학습한 모델의 블록이 추가되었습니다.

TIP

학습한 나의 모델

① [인공지능] 블록 꾸러미에서 선택하고 [인공지능 모델 학습하기] 버튼을 클릭합니다. '학습할 모델 선택하기'에서 [나의 모델] 탭을 선택하면 학습한 나의 모델을 확인할 수 있습니다. [비활성화 모델 함께 보기]를 클릭합니다.

② 학습한 모델을 '활성화/비활성화' 할 수 있고, 비활성화한 각 모델은 오른쪽 위의 [X] 버튼을 눌러 모델과 학습 데이터를 삭제할 수 있습니다. 삭제한 해당 모델을 적용해 만든 작품은 정상적으로 동작하지 않습니다. 하나의 작품에서는 하나의 모델만 선택할 수 있으므로 학습한 모델 중 학습 결과가 더 좋은 것을 선택하는 것이 좋습니다.

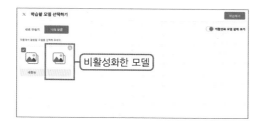

비활성화한 모델

코딩에 사용할
신호와 함수 추가하기

코딩에 사용할 신호 만들기

1 코딩에 사용할 신호를 추가하기 위해 [속성] 탭 – [신호]를 클릭한 후 [신호 추가하기]를 클릭합니다. 신호 이름에 '캔'을 입력하고 [확인] 버튼을 클릭합니다.

TIP **말판**

그림과 같이 재활용품 마크가 있는 활동지를 준비합니다. 활동지가 없는 경우 직접 검은색 마커나 매직으로 선을 그리고, 재활용품은 글씨를 쓰거나 사진을 붙여서 만들어도 됩니다.

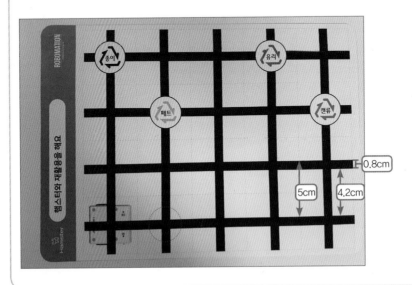

2 같은 방법으로 '유리', '페트', '종이', '다시 시작' 신호를 추가합니다.

> 💡 카메라에서 감지한 재활용품을 햄스터-S 로봇이 분류해서 가져다 놓고 제자리로 돌아온 후 다시 시작할 수 있게 '다시 시작' 신호도 추가해 둡니다.

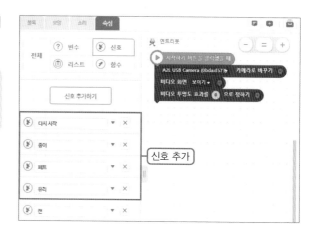

신호 추가

🤖 분리수거 함수 만들기

1 [속성] 탭 – [함수]를 클릭한 후 [함수 추가하기] 버튼을 클릭합니다. 오른쪽에 블록 조립소가 활성화되면 함수 이름을 '분리수거'로 변경합니다.

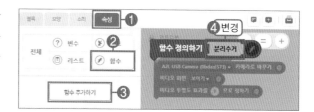

TIP **엔트리의 함수 블록**

• 함수를 이용하면 여러 블록의 조립을 하나의 블록처럼 사용할 수 있습니다. 하나의 기능을 위해 사용되는 블록의 모음이거나 여러 번 사용해야 하는 블록들을 함수로 만들면 편리하게 사용할 수 있습니다.

• [함수 정의하기 함수] 함수를 정의하는 블록입니다. 정의한 함수가 동작할 때 해당 함수에 조립된 블록들이 함께 동작합니다.

2 [블록] 탭 - [하드웨어] 블록 꾸러미에서 집게 열기 ◎ 를 가져와 조립합니다.

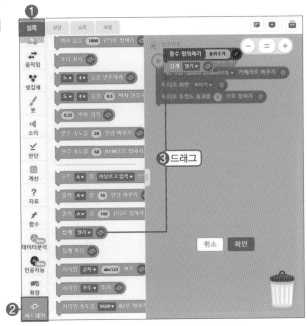

3 [흐름] 블록 꾸러미에서 2 초 기다리기 ∧ 를 가져와 조립하고 '2'초를 '1'초로 변경합니다.

4 [하드웨어] 블록 꾸러미에서 집게 닫기 ◎ 를 가져와 조립합니다.

5 햄스터-S 로봇이 컵을 잡으면 모델 분류를 실행할 수 있도록 [인공지능] 블록 꾸러미를 클릭하여 '분류 이미지 모델'의 학습한 모델로 분류하기 ◎ 를 가져와 조립합니다.

6 [흐름] 블록 꾸러미에서 **만일 참 (이)라면** 블록을 가져와서 조립합니다. '참' 부분에 [인공지능] 블록 꾸러미에서 '분류: 이미지 모델'의 **분류 결과가 캔▼ 인가?** 블록을 끼워 넣습니다.

💡 조건문 '만일 분류 모델이 캔이라면'에 맞게 분류 결과를 수행할 수 있는 블록으로 조립합니다.

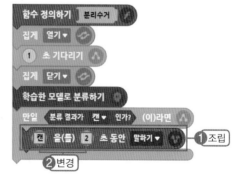

7 **6**번 과정에서 조립한 '만일 ~ 라면' 블록에서 카메라에 감지된 학습 모델을 캔이라고 인지하면 '캔!'이라고 말할 수 있도록 설정합니다. [생김새] 블록 꾸러미에서 **안녕! 을(를) 4 초 동안 말하기▼** 블록을 가져와 조립하고 '안녕!'을 '캔!'으로, '4초'를 '2초'로 변경합니다.

8 분리수거를 시작하도록 신호를 보내기 위해 [시작] 블록 꾸러미에서 **다시 시작▼ 신호 보내기** 를 가져와 조립한 후 '다시 시작'을 '캔'으로 설정합니다.

9 '만일 참 ~ 이라면' 블록 위에서 마우스 오른쪽 버튼을 클릭하여 [코드 복사 & 붙여넣기]를 클릭합니다.

10 코드가 복제되면 조립한 후 '캔'을 '유리'에 맞게 코드를 수정합니다. 코드를 두 개 더 복제하여 그림처럼 '페트'와 '종이'에 맞게 코드를 수정합니다. [확인] 버튼을 클릭합니다.

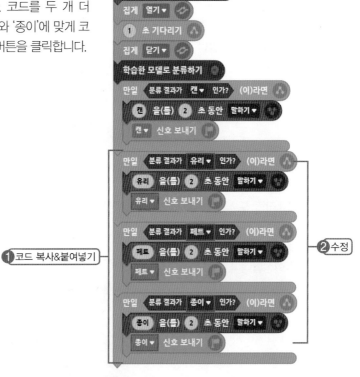

캔/유리/페트/종이 함수 만들기

1 [속성] 탭 – [함수]를 클릭한 후 [함수 추가 하기] 버튼을 클릭합니다. 오른쪽의 블록 조립소가 활성화되면 함수 이름을 '캔'으로 변경합니다.

2 [블록] 탭 – [흐름] 블록 꾸러미에서 을 가져와 조립하고 '10'을 '4' 로 변경한 후 [하드웨어] 블록 꾸러미에서 를 가져와 조립합니다.

> **TIP** 말판을 보면서 캔의 위치를 파악한 후 블록을 조립합니다. 앞으로 4칸 이동해 야 하므로 를 4번 반복하도록 블록을 조립합니다.
>
>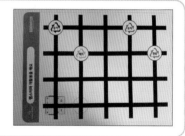

3 왼쪽 방향으로 전환하기 위해 [하드웨어] 블록 꾸러미에서 를 가져 와 조립합니다.

4 한 칸 전진하도록 [하드웨어] 블록 꾸러미에서 `말판 앞으로 한 칸 이동하기` 와 컵을 내려놓을 수 있는 `집게 열기▼` 를 가져와 조립합니다.

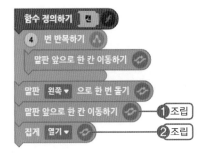

5 출발지로 다시 되돌아가기 위해 [하드웨어] 블록 꾸러미에서 `뒤로 5 cm▼ 이동하기` 를 가져와 조립하고, '5cm'를 '2초'로 변경합니다.

TIP
> 말판의 한 칸을 이동하는데, 걸리는 시간은 '2초'이고, 길이는 '5cm'입니다. '뒤로 2초' 이동하면 말판에서 뒤로 한 칸 이동합니다. 뒤로 5cm를 해도 말판의 한 칸을 이동합니다. 블록 설정은 사용자가 원하는 시간과 길이로 설정합니다.

6 왼쪽으로 방향을 전환하기 위해 [하드웨어] 블록 꾸러미에서 `말판 왼쪽▼ 으로 한 번 돌기` 블록을 가져와서 끼워 넣고, 앞으로 4번 이동하기 위해 `4 번 반복하기 / 말판 앞으로 한 칸 이동하기` 블록으로 조립합니다.

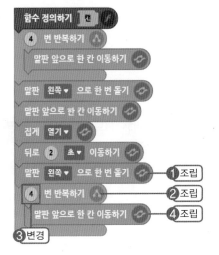

7 출발지로 돌아왔으면 제자리에서 왼쪽으로 두 번 돌아야 전진 방향이 되므로 [왼쪽▼ 으로 90 도▼ 제자리 돌기] 블록을 가져와 조립하고 '90도'를 '2초'로 변경합니다. 블록 조립소의 [확인] 버튼을 클릭해 캔 함수를 완료합니다.

TIP 햄스터-S 로봇의 방향을 전환할 때 '1초'로 설정하면 90도를 이동합니다. 왼쪽으로 '1초 제자리 돌기' 하면 90도를 이동하고, '2초 제자리 돌기' 하면 180도 이동합니다. [왼쪽▼ 으로 90 도▼ 제자리 돌기] 블록을 '180도'로 설정해도 같은 방향으로 전환합니다.

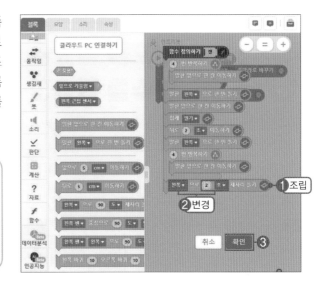

8 같은 방법으로 유리, 페트, 종이 함수도 추가합니다.

▲ 유리 함수

▲ 페트 함수

▲ 종이 함수

신호를 받았을 때 함수를 활용한 코드 작성하기

신호를 받았을 때 코드 작성하기

1 비디오를 감지하면 엔트리봇이 '시작!'이라고 말할 수 있게 [블록] 탭 – [생김새] 블록 꾸러미를 클릭한 후 `안녕! 을(를) 4 초 동안 말하기` 블록을 가져와 조립하고, '안녕!'을 '시작!'으로, '4초'를 '2 초'로 변경합니다.

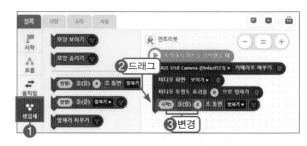

2 분리수거를 시작하도록 [함수] 블록 꾸러미에서 `분리수거` 를 가져와 조립합니다.

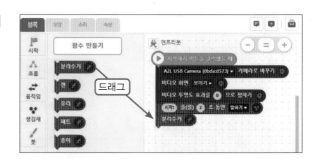

3 카메라로 감지한 재활용품이 학습된 모델 중 '캔'이라고 인지하여 신호를 보내도록 코드를 작성하겠습니다. [시작] 블록 꾸러미에서 `다시 시작 신호를 받았을 때` 를 블록 조립소로 가져온 후 '다시 시작'을 '캔'으로 변경합니다.

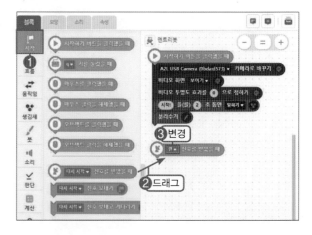

4 캔의 말판 이동 경로로 이동하게 하기 위해 [함수] 블록 꾸러미에서 을 가져와 조립합니다.

5 캔의 분리수거를 마치고 돌아왔을 때 '끝!' 이라고 말하도록 [생김새] 블록 꾸러미에서  블록을 끼워 넣고, '안녕!'을 '끝!'으로, '4초'를 '2초'로 변경합니다.

6 다시 분리수거를 실행할 수 있도록 [시작] 블록 꾸러미에서 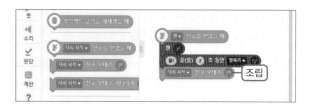 블록을 가져와 조립합니다.

7 유리, 페트, 종이 신호를 받았을 때의 코드를 작성하겠습니다. 캔 신호를 받았을 때 코드 위에서 마우스 오른쪽 버튼을 클릭하여 [코드 복사 & 붙여넣기]를 클릭합니다.

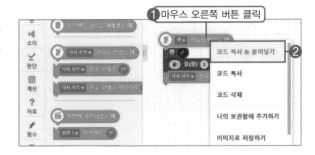

8 같은 방법으로 코드를 복제하여 각각 유리, 페트, 종이에 맞게 수정합니다.

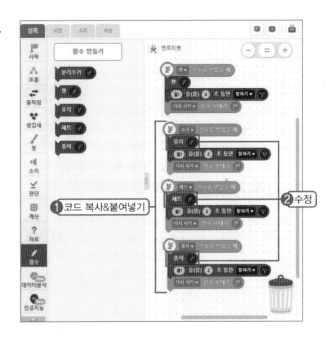

9 마지막으로 다시 시작 신호를 받았을 때의 코드를 작성합니다. [시작] 블록 꾸러미의 와 [생김새] 블록 꾸러미의 를 조립한 후 '안녕!'을 '준비 완료'로, '4초'를 '2초'로 변경하여 다시 시작할 준비를 합니다.

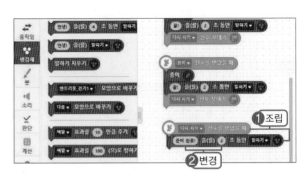

10 [흐름] 블록 꾸러미에서 처음부터 다시 실행하기 ⟑ 를 가져와 조립하여 처음부터 다시 실행할 수 있는 코드를 작성합니다.

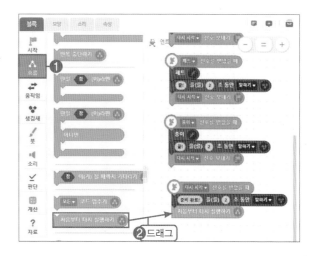

🤖 재활용 분류 확인하기

1 활동지를 준비하고 햄스터-S 로봇을 출발 위치에 놓은 후 그 앞에 컵을 놓습니다.

2️⃣ 실행 화면에서 [▶시작하기] 버튼을 클릭합니다. 카메라가 감지되면 엔트리봇은 '시작!'이라고 말하고, 햄스터-S 로봇은 컵을 잡습니다. 데이터 입력 창이 나타나면 입력 모드를 '촬영'으로 변경하고, 카메라에 '캔'을 비춥니다. 데이터 입력 창의 [적용하기] 버튼이 활성화되면 클릭합니다.

3️⃣ 학습된 모델을 제대로 인지하였으면 엔트리봇이 '캔!'이라고 말한 후 햄스터-S 로봇은 말판에서 캔류쪽으로 이동합니다. 햄스터-S 로봇의 바닥 센서에 의해 검은색 선을 따라 잘 이동합니다. 햄스터-S 로봇이 캔류에 도착하면 컵을 내려놓은 후 출발지로 되돌아옵니다.

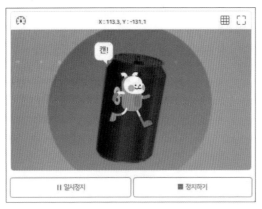 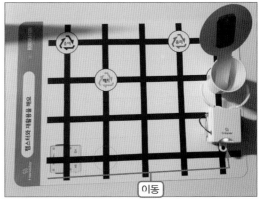

4 햄스터-S 로봇이 출발지에 도착하면 엔트리봇이 '끝!'이라고 말합니다.

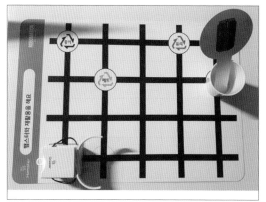 

5 엔트리봇이 다시 실행할 준비가 되었다고 '준비 완료!'라고 말합니다. 다시 실행할 수 있게 햄스터-S 로봇 앞에 컵을 가져다 놓습니다.

6 **2**번과 같이 실행 화면에서 엔트리봇의 '시작!'이라고 말하고, 데이터 입력 창이 나타 나면 다른 재활용품도 촬영하여 분류해 봅 니다.

7 코드를 수정할 곳이 있으면 수정하고, 이상 이 없으면 상단 메뉴에서 [🖼️] - [저장하 기]를 클릭하여 저장합니다.

1. 엔트리에서 학습 가능한 인공지능 모델

학습 데이터를 사용하는 분류 모델 학습	데이터 테이블(숫자)을 사용하는 모델 학습
• 이미지: 업로드 또는 웹캠으로 촬영한 이미지를 분류할 수 있는 모델을 학습합니다.	• 숫자: 테이블의 숫자 데이터를 가장 가까운 이웃을 기준으로 각각의 클래스로 분류하는 모델을 학습합니다.
• 텍스트: 직접 작성하거나 파일로 업로드한 텍스트를 분류할 수 있는 모델을 학습합니다.	• 예측: 테이블의 숫자 데이터를 핵심 속성으로 삼아 예측 속성을 찾아내는 모델을 학습합니다.
• 음성: 마이크로 녹음하거나 파일로 업로드한 음성을 분류할 수 있는 모델을 학습합니다.	• 군집: 테이블의 숫자 데이터를 핵심 속성으로 정한 수만큼의 묶음으로 만드는 모델을 학습합니다.

2. 인공지능 모델 학습하기

- [블록] 탭 – [인공지능] 블록 꾸러미를 클릭한 후 [인공지능 모델 학습하기] 버튼을 클릭합니다.
- [분류: 이미지]를 선택하고 [학습하기] 버튼을 클릭해 모델을 학습시킵니다.
- 새로운 모델 이름을 입력하고, 데이터 입력 방식은 촬영으로 설정한 후 데이터를 입력합니다.
- 데이터 입력이 완료되면 [모델 학습하기] 버튼을 클릭하여 학습시키고 [적용하기] 버튼을 클릭하여 새로운 인공지능 블록을 생성합니다.

3. 분류: 이미지 모델 블록

- `학습한 모델로 분류하기` 데이터 입력 팝업 창을 열고, 입력한 이미지를 학습한 모델로 분류합니다.
- `비디오 화면을 학습한 모델로 분류 시작하기▼` 실행 화면에 표시한 비디오 화면을 학습한 모델을 통해 실시간으로 분류합니다.
- `분류 결과` 입력한 데이터를 학습한 모델로 분류한 결과를 가져오는 값 블록입니다.
- `캔▼ 에 대한 신뢰도` 입력한 데이터가 분류된 클래스에 대한 신뢰도를 가져오는 값 블록입니다.
- `분류 결과가 캔▼ 인가?` 입력한 데이터의 인식 결과가 선택한 클래스인 경우 '참'으로 판단합니다.

Quiz

1. 엔트리의 학습 데이터를 사용하는 분류 모델 학습이 아닌 것은 무엇일까요?

   ① 이미지   ② 예측

   ③ 음성   ④ 텍스트

2. 다음 중 제자리에서 왼쪽으로 90도 전환하는 블록이 아닌 것은 무엇일까요?

   ① 말판 왼쪽▼ 으로 한 번 돌기

   ② 왼쪽▼ 으로 90 도 제자리 돌기

   ③ 왼쪽▼ 으로 1 초▼ 제자리 돌기

   ④ 왼쪽▼ 으로 2 초▼ 제자리 돌기

3. 엔트리에 인공지능 모델 학습하기를 통해 종이, 페트, 스티로폼, 유리, 캔을 학습시키고, 새 모델 이름은 '재활용추가'로 합니다. 말판에 맞게 재활용품을 분류할 수 있게 코딩하세요. 단, 스티로폼 활동지도 추가해서 만들고, 스티로폼 위치에 컵을 내려놓고 올 때 컵이 쓰러지지 않도록 합니다.

▲ 스티로폼 데이터를 촬영 모드에서 적용하는 모습

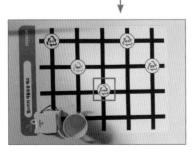

▲ 말판에 스티로폼 위치를 추가한 모습

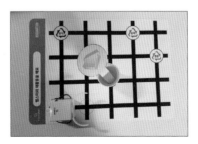

▲ 햄스터-S 로봇이 스티로폼을 분류하고 제자리로 돌아오는 모습

Quiz

정답

Quiz 정답 관련 파일은 제공하는 예제파일의 '결과파일' 폴더 안의 각 섹션별 폴더에서 확인할 수 있습니다.

section 01

1. ③ 음성

2. ④ 어시스턴트

> **해설**
>
> ① 행아웃: 메시징, 화상 통화, SMS, VOIP 기능들을 포함하는 구글이 개발한 통신 플랫폼입니다.
>
> ② 미트: 웹 브라우저 또는 모바일에서 사용할 수 있는 무료 화상회의 앱입니다.
>
> ③ 아트 앤 컬처: 세계 각국의 미술관과 박물관의 소장품을 감상할 수 있도록 한 온라인 플랫폼입니다.

3.

4.

section 02

1. ② 머신러닝

2. ④ 빅데이터

3. 퀵드로우(https://quickdraw.withgoogle.com)에 접속해 '세계 최대의 낙서 데이터 세트'를 클릭한 후 낙서 그림 중 하나를 선택합니다. 상단 왼쪽의 now visualizing을 'raccoon'으로 설정합니다. 번역 기능을 사용하지 않으면 알파벳순으로 정리되어 있어 찾기 쉽습니다.

4. 공유 링크(https://teachablemachine.withgoogle.com/models/RNBzDvv0G)에 접속하여 여러분이 가지고 있는 장미, 국화, 튤립 사진이나 이미지를 업로드 해서 맞게 대답하는지 확인해 봅니다. 만약 잘못된 예측을 하면 티처블 머신에서 꽃 데이터를 더 추가해서 머신러닝 모델을 만들어봅니다.

section 03

1. ③ 딥러닝

2. ② 오토드로우

3. 공유 링크: https://www.autodraw.com/share/C58N63LV2JBY

> **해설**
>
> 눈이나 나무는 복사나 복제를 사용하는 것이 좋습니다. 바로가기 Ctrl + C 나 Alt + 드래그를 사용하여 그려봅니다.

4. 결과파일 〉 03 〉 스틸.jpg

> **해설**
>
> 딥 드림 제네레이터(https://deepdreamgenerator.com)에 접속 → [Generate] 버튼 클릭 → [Deep Style]에서 [Choose base Image] 버튼 클릭 → '고양이.jpg' 추가 → 'Steel Wool' 스타일 선택 → [3. Generate] 버튼

section 04

1. ② 볼륨

> **해설**
>
> ① 팔을 빠르게 움직이면 템포를 빠르게 할 수 있습니다.
> ③ 팔을 좌우로 움직여서 악기군을 선택할 수 있습니다.

2. ① 손

3. 오른쪽 팔을 지휘하듯이 움직여서 연주합니다.

4. 결과파일 〉 04 〉 shadow_art.png

> **해설**
>
> 쉐도우아트 메인 화면에서 [Play] 옆의 언어를 [English]로 설정한 후 [Play]를 클릭합니다. 띠를 'rooster'로 설정하고 실험을 시작합니다. 카메라가 보정되는 동안 배경을 깨끗이 하면 AI가 닭 모양을 제시해 줍니다. 카메라 앞에서 제시된 모양을 제한시간 내에 손으로 따라 하면 다음 동물을 제시해 줍니다. 제한시간 내의 성공 동물 개수와 함께 닭띠 성격 카드가 나타나면 🔵를 클릭하여 다운로드 합니다.

section 05

1. ② 크롬

> **해설**
>
> 마이크로소프트 엣지, 인터넷 익스플로러, 네이버 웨일 브라우저에서도 크롬 뮤직랩을 사용할 수 있으나 가장 안정적인 브라우저는 구글에서 개발한 크롬 브라우저입니다.

2. ③ 송메이커

> **해설**
>
> ② 칸딘스키는 그림으로 작곡할 수 있지만, 공유하거나 저장할 수 있는 기능이 없습니다.

3. 칸딘스키를 실행하고 싫어하는 날씨를 표현하는 그림을 그립니다. 예 05-03.mp4

4. 05-03.wav

예 https://musiclab.chromeexperiments.com/Shared-Piano/saved/#SyWSI6RnD0l9qm9WqGK

section 06

1. ④ 리듬

2. ① 쉐어드피아노

   > **해설**
   >
   > ③ 송메이커는 작곡하고 작곡한 곡을 공유할 수 있지만, 서로 협업하면서 연주할 수는 없습니다.

3. 4박자 곡에 맞게 리듬을 만들어봅니다.
   예 징글벨

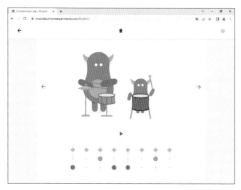

4. 한 명이 방을 만들어서 왼쪽 하단의 링크를 복사하여 공유합니다. 한 명은 악기를 피아노로, 다른 한 명은 드럼 머신, 또 다른 한 명은 신디사이저로 설정하여 합주합니다.

section 07

1. ③ 구글 아트 앤 컬처

2. ③ 미니어처 확대

3. 아트 팔레트(https://artsexperiments.withgoogle.com/artpalette)에 접속합니다. [사진기 이미지에서] 버튼을 클릭하여 '거실2.jpg' 사진을 불러온 후 작품 및 소품을 찾아봅니다.

4. LIFE 태그(https://artsexperiments.withgoogle.com/lifetags)에서 'ribbon' 레이블을 클릭하여 이미지를 검색합니다.

section 08

1. ② Art Selfier

   > **해설**
   >
   > ① Art Filter는 내 셀카에 선택한 작품 필터를 씌워서 예술작품으로 만들어 줍니다.
   > ③ Art Transfer는 직접 사진을 찍거나 사진을 업로드하여 작품 스타일로 적용하여 예술작품으로 만들 수 있습니다.
   > ④ Art Projector는 AR 기술을 활용하여 언제 어디서나 선택한 작품을 실제 크기로 감상할 수 있습니다.

2. ④ ◉Pocket Gallery

> **해설**
>
> Pocket Gallery에서는 AR 기능을 사용하여 현재
> 장소를 갤러리로 만들 수 있습니다.

3. ◉(Pet Portraits)로 애완동물 사진을 찍어서
찾아봅니다.

4. ◉(Art Projector)를 터치하여 스마트폰 카메
라로 바닥을 둥글게 그리면 강조점이 나타납니
다. '진주 귀걸이를 한 소녀' 작품을 터치하거나
강조점으로 드래그합니다. ◙를 터치하여 스
탠드를 해제하고 벽쪽으로 가져갑니다. 작품이
벽에 걸린 것처럼 보입니다.

section 09

1. ④ 네이버 클로바노트

2. ② 텍스트, 음성

3. 결과파일 〉 09 〉 09_03.acc, 09_03.txt

> **해설**
>
> 클로바노트로 여러 사람의 목소리로 녹음해도 AI
> 가 한 사람으로 인식함을 알 수 있습니다.

4. 결과파일 〉 09 〉 고양이.mp4

section 10

1. ④ NLP (자연어 처리)

2. ② Entity

3. day라는 에이전트를 만들고, 월요일부터 일요
일까지 하나로 묶는 Entity를 만든 후 활용해서
대화를 완성합니다.

1. ① 코스페이스

2. ③ Ⓥ키

> **해설**
>
> ① Ⓒ키는 전체 보기
> ② Ⓕ키는 카메라 시점
> ④ Space Bar 키와 드래그하면 원하는 방향으로 화면
> 이동

3.

> **해설**
>
> • [라이브러리] - [캐릭터], [자연], [동물]을 선택
> 한 후 나타난 오브젝트에서 해당 오브젝트를 드
> 래그하여 작업 창으로 가져갑니다.
> • [배경] - [수정]을 클릭하여 배경 선택 창에서
> [바닷속] 이미지를 선택합니다.
> • 식물 오브젝트를 선택한 후 Ctrl + Ⓒ, Ctrl + Ⓥ를
> 눌러 하나 더 복사하고, 복사한 식물을 드래그하
> 여 옆으로 옮겨서 배치합니다.

4.

> **해설**
>
> • 오브젝트 회전은 회전할 오브젝트를 선택한 후
> 아래쪽 파란색 원이 노란색으로 변할 때 노란 선
> 을 드래그하여 원하는 방향으로 회전합니다.
> • 이동하려는 오브젝트를 선택한 후 오브젝트 콘트
> 롤에서 ✛ 를 클릭하고 X, Y, Z축 중에서 원하는
> 방향으로 드래그하여 이동시킵니다.
> • 크기를 변경하려는 오브젝트를 선택한 후 오브젝
> 트 콘트롤에서 ⊠를 클릭하고 오브젝트를 드래
> 그하여 원하는 크기로 변경합니다.
> • 생각말이나 말풍선을 넣으려면 오브젝트를 선택
> 한 후 마우스 오른쪽 버튼을 누릅니다. 팝업 메뉴
> 중 [대화]를 선택하고, 생각말을 넣으려면 [생각
> 하기]를 선택하고, 말풍선을 넣으려면 [말하기]
> 를 선택한 후 텍스트를 입력합니다.

1. ④ 🌀

> **해설**
>
> ① 녹화 ② 상하 이동 ③ 올리기

2. ②

3.

해설

- 갤러리에서 'solar'라고 입력하여 검색한 후 검색된 작품 중 하나를 선택합니다.
- 오른쪽 하단의 ◉를 터치하여 [VR로 보기]를 터치하고, 카드보드 2.0에 스마트폰을 장착하여 체험합니다.

4.

해설

오브젝트 목록은 다음과 같습니다.

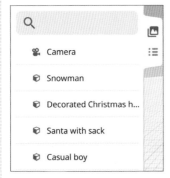

- 각 오브젝트를 선택한 후 파란색 원을 선택하면 노란색 원이 되는데, 드래그하여 회전합니다.
- [Casual boy]의 [:]를 터치합니다. 팝업 메뉴 중 [대화]를 선택하고 생각말을 넣으려면 [생각하기]를 선택한 후 텍스트를 입력합니다.

5.

해설

- '문제 4'에서 만든 작품의 [플레이] 버튼을 터치합니다.
- 오른쪽 하단의 ◉를 터치하여 [VR로 보기]를 터치합니다.
- 스마트폰을 카드보드 2.0에 장착하여 작품을 VR로 감상합니다.
- 초점을 캐주얼 보이에 맞추고 카드보드 2.0의 버튼을 여러 번 눌러서 확대합니다.

section 13

1. ② 페어링

해설

① 코딩이란 C 언어, 자바, 파이썬 등 프로그래밍 언어로 프로그램을 만드는 것을 말합니다.

③ 무선 인터넷이 개방된 장소에서 스마트폰이나 노트북 등을 통하여 초고속 무선 인터넷을 이용할 수 있는 설비입니다.

④ 컴퓨터 실행 중에 새로운 주변장치를 연결해도 별도의 설정 없이 작동하는 것을 말합니다.

2. ④ 엔트리

3. 공유 링크: http://naver.me/GjdTy7tB

```
시작하기 버튼을 클릭했을 때
A2L USB Camera (0bda:d573) 카메라로 바꾸기
비디오 화면 보이기
비디오 투명도 효과를 0 으로 정하기
계속 반복하기
만일  자신 ▼ 에서 감지한 움직임 ▼ 값  > 100 (이)라면
왼쪽 ▼ 으로 90 도 제자리 돌기
```

section 14

1. ④ 하드웨어

2. ① `1 ▼ 번째 사람의 얼굴 ▼ 의 x ▼ 좌표`

3. 공유 링크: http://naver.me/xcuy9vUL

---

section 15

1. ② 예측

2. ④ `왼쪽▼ 으로 2 초▼ 제자리 돌기`

3. 공유 링크: http://naver.me/xPQoskzQ

— 0

— 1

— 2

— 3

— 4

— 5

— 6

— 7

— 8

— 9

— 10

— 11

— 12

— 13

— 14

— 15

— 16

— 17

— 18

— 19

— 20

좋은 책을 만드는 길
독자님과 함께하겠습니다.

도서에 궁금한 점, 아쉬운 점, 만족스러운 점이
있으시다면 어떤 의견이라도 말씀해 주세요.
SD에듀는 독자님의 의견을 모아 더 좋은 책으로 보답하겠습니다.

www.sdedu.co.kr

쉽게 배워 바로 쓰는 인공지능 수업

초 판 발 행	2022년 09월 15일
발 행 인	박영일
책 임 편 집	이해욱
저 자	문택주, 정동임
편 집 진 행	윤은숙
표지디자인	조혜령
편집디자인	신해니
발 행 처	시대인
공 급 처	(주)시대고시기획
출 판 등 록	제 10-1521호
주 소	서울시 마포구 큰우물로 75 [도화동 538 성지 B/D] 9F
전 화	1600-3600
팩 스	02-701-8823
홈 페 이 지	www.sdedu.co.kr
I S B N	979-11-383-2803-6 (13000)
정 가	22,000원